环球100

秘境

探险之旅编委会　编著

北京出版集团
北京出版社

图书在版编目（CIP）数据

秘境 / 探险之旅编委会编著. — 北京：北京出版社，2020.8
（环球100）
ISBN 978-7-200-15626-3

Ⅰ. ①秘… Ⅱ. ①探… Ⅲ. ①旅游指南 — 世界 Ⅳ. ①K919

中国版本图书馆CIP数据核字（2020）第101150号

环球100
秘境
MIJING

探险之旅编委会　编著

*

北 京 出 版 集 团
北 京 出 版 社 出版

（北京北三环中路6号）
邮政编码：100120

网　　址：www.bph.com.cn
北京出版集团总发行
新 华 书 店 经 销
北京瑞禾彩色印刷有限公司印刷

*

710毫米×1000毫米　16开本　16印张　360千字
2020年8月第1版　2020年8月第1次印刷
ISBN 978-7-200-15626-3
定价：52.80元
如有印装质量问题，由本社负责调换
质量监督电话：010-58572393

前　言

　　它们藏身于高山、大海、雨林、城市……虽然它们不一定有赫赫声名，但它们有自己的魅力，自己的神秘，它们就是美丽地球上的秘境。

　　也许是大自然的刻意安排，也许是人类祖先的高超智慧，也许是现代人们的机缘巧合，无论如何，都成就了它们，成就了这些神秘而又让人不能止步的地方。

　　这里有挑战人们勇气的生命禁区，雨林、深渊、荒漠、洞穴，足以刺激你的心脏，让你感受探险的乐趣。这里有地球上绝版的神秘境地，那些独一无二的美景，比宝石更珍贵，发现它们的心情一定是激动得难以言喻。这里有鬼斧神工的天地杰作，在它们面前，我们就如一颗沙粒，让人不得不佩服万能的大自然。这里有神秘莫测的古城传说，岁月的影子清晰地投射在古城的伤痕上，我们静静地坐着，聆听千百年前的故事。这里有古老文明的遗存，先人已去，留给我们的是无尽的智慧，值得我们驻足和尊崇。这里有遗世独立的绝美村落，你若是一个文艺青年，一杯茶，一本书，一下午，坐在村口的榕树下，潺潺的小溪边，何欲何求？

　　这些秘境，有中国的，也有世界的。是的，我们将要走遍地球的每个角落，寻遍地球上每一处神秘之地。也许有些地方你曾经去过，有些地方你计划前往，而有些地方你还未曾留意。这样的美景或许会与你的记忆产生共鸣，或许可以为你勾勒出一幅完美的旅行蓝图，或许会唤起你的灵感和梦想，就让这本书带你去体验秘境的魅力与神奇吧。

征服是一种生活态度，不只是身体的征服，还有灵魂的升华。打开这本书，带上热情与希望，让灵魂先出发吧。

目录 CONTENTS

第一章 挑战勇气的生命禁区

001 **可可西里** / 012
生命禁区

002 **罗布泊** / 014
再现的传奇

003 **怒江大峡谷** / 017
极致的诱惑

004 **雅鲁藏布大峡谷** / 020
无人穿越的处女地

005 **死谷** / 023
触碰死神的手

006 **卡尔斯巴德洞窟** / 025
带屋顶的大峡谷

007 **鄱阳湖** / 027
魔鬼三角区

008 **百慕大** / 029
死神的魅影

009 **科库斯岛** / 031
与鲨共舞

010 **冰岛** / 033
世界尽头

011 **撒哈拉沙漠** / 035
生存的渴望

012 **岩塔沙漠** / 037
荒野的墓标

013 **塔克拉玛干沙漠** / 039
死亡之海

014 **纳米布沙漠** / 041
"骷髅"的传说

015 **古尔班通古特沙漠** / 044
生命与死亡交织之处

016 **卡拉哈里沙漠** / 046
生命的奇迹

017 **鲸鱼谷** / 048
生命的记录

第二章
绝版地球神秘地带

018　香格里拉 / 052
　　 人间仙境

019　苏格兰高地 / 054
　　 来自远古的苍郁

020　神农架 / 056
　　 幽境探秘

021　黄石国家公园 / 058
　　 彩色的奇迹

022　听命湖 / 060
　　 与神密语的地方

023　乌尤尼盐原沙漠 / 062
　　 天空之镜

024　长江第一湾 / 064
　　 惊心动魄的美

025　塔尔沙漠 / 067
　　 另一种印度风情

026　老君山风景区 / 069
　　 神仙福地

027　大堡礁 / 071
　　 珊瑚虫的杰作

028　泸沽湖 / 073
　　 东方"女儿国"

029　刚果河 / 075
　　 非洲"水廊"

030　恒河 / 077
　　 天堂的入口

031　袋鼠岛 / 079
　　 与世隔绝的神秘土地

032　喀纳斯湖 / 081
　　 彩色的梦

033　武陵源 / 083
　　 此景只应天上有

034　皮利角国家公园 / 086
　　 天涯海角

035　拉萨 / 088
　　 洗涤心灵的圣地

036　五彩湾 / 090
　　 千彩古堡

037　怀托摩萤火虫洞 / 092
　　 萤火之光

038　花山谜窟 / 094
　　 绝世奇窟

039　伦敦塔 / 096
　　 雾都魅影

040　圣克鲁斯县 / 099
　　 地心引力失灵的地方

第三章
鬼斧神工的大自然的杰作

041　汤加里罗国家公园 / 104
　　火山展览馆

042　劣地国家公园 / 107
　　荒凉的艺术

043　东非大裂谷 / 109
　　地球的"伤痕"

044　科罗拉多大峡谷 / 111
　　岩石刻就的书卷

045　布赖斯峡谷 / 113
　　大自然的艺术天堂

046　阿尔卑斯山脉 / 116
　　和雪的约会

047　贡嘎山 / 118
　　瑶池仙境

048　敦煌鸣沙山 / 120
　　沙与水的守望

049　乞力马扎罗山 / 122
　　闪闪发光的山

050　梅里雪山 / 124
　　雪山之神

051　玉龙雪山 / 126
　　心灵的守望

052　石林 / 129
　　有生命的岩石

053　五堡魔鬼城 / 131
　　西域第一魔鬼城

054　乌尔禾魔鬼城 / 134
　　地狱之音

055　马里亚纳海沟 / 136
　　地球最深的地方

056　猛犸洞 / 138
　　万洞之地

057　波月洞 / 140
　　经典重现

058　波斯托伊那溶洞 / 142
　　灵动的钟乳石

059　九乡溶洞 / 144
　　地下天堂

060　腾龙洞 / 146
　　卧龙吞江孕奇景

第四章
神秘莫测的古城传说

061　高昌故城 / 150
　　大漠掩埋的辉煌

062　楼兰故城 / 152
　　消失的文明

063　马丘比丘 / 154
　　追寻三毛的足迹

064　埃尔塔津古城 / 157
　　时间的气息

065　特奥蒂瓦坎古城 / 159
　　众神之城

066　庞贝古城 / 161
　　凝固的凄美

067　大津巴布韦遗址 / 164
　　非洲的雅典卫城

068　交河故城 / 167
　　丝绸之路的文明

069　佩特拉古城 / 170
　　千年一梦

070　雅典卫城 / 172
　　精神的守望者

071　三星堆 / 175
　　文明的起源

072　卡塞雷斯古城 / 178
　　纪念之城

073　罗马 / 181
　　美丽的七丘城

074　巴比伦古城遗址 / 184
　　人类文明的发祥地之一

075　古格王国遗址 / 187
　　帝国的余音

第五章
地球最文明的遗存

076　巨石阵 / 192
　　历史的困惑

077　内姆鲁特山 / 194
　　人神共舞

078　吉萨金字塔群 / 196
　　古埃及的名片

079　秦始皇陵 / 198
　　了解君王身后事

080	泰姬陵 / 201 王妃之谜	087	菩提伽耶 / 221 空寂之城
081	巴黎地下墓穴 / 204 "亡灵之都"逸事	088	拉普兰德 / 223 圣诞老人的故乡
082	青朴修行地 / 206 净化心灵的家园	089	奇琴伊察古城遗址 / 226 辉煌的见证
083	精灵烟囱 / 209 魔法创造的奇迹	090	夏塔古道 / 228 被遗忘的美
084	蓝毗尼 / 212 世人瞻仰的圣地	091	黑风洞 / 230 石灰岩的梦世界
085	曼德勒山 / 215 灵魂的栖息地	092	复活节岛 / 233 石像的故乡
086	墨脱 / 218 隐秘的莲花		

第六章
遗世独立的绝美村落

093	坝美 / 238 秘境中的桃源	097	大旗头村 / 247 神奇的"锅耳"
094	阿巴拉钦 / 240 激情中的温婉	098	威吉斯 / 249 跨越时空的童话
095	丹巴 / 242 "千碉之国"	099	稻城亚丁 / 252 蓝色星球上最后一片净土
096	苏士达 / 244 金环上的白色圣地	100	秀巴古村 / 254 藏族人民的智慧

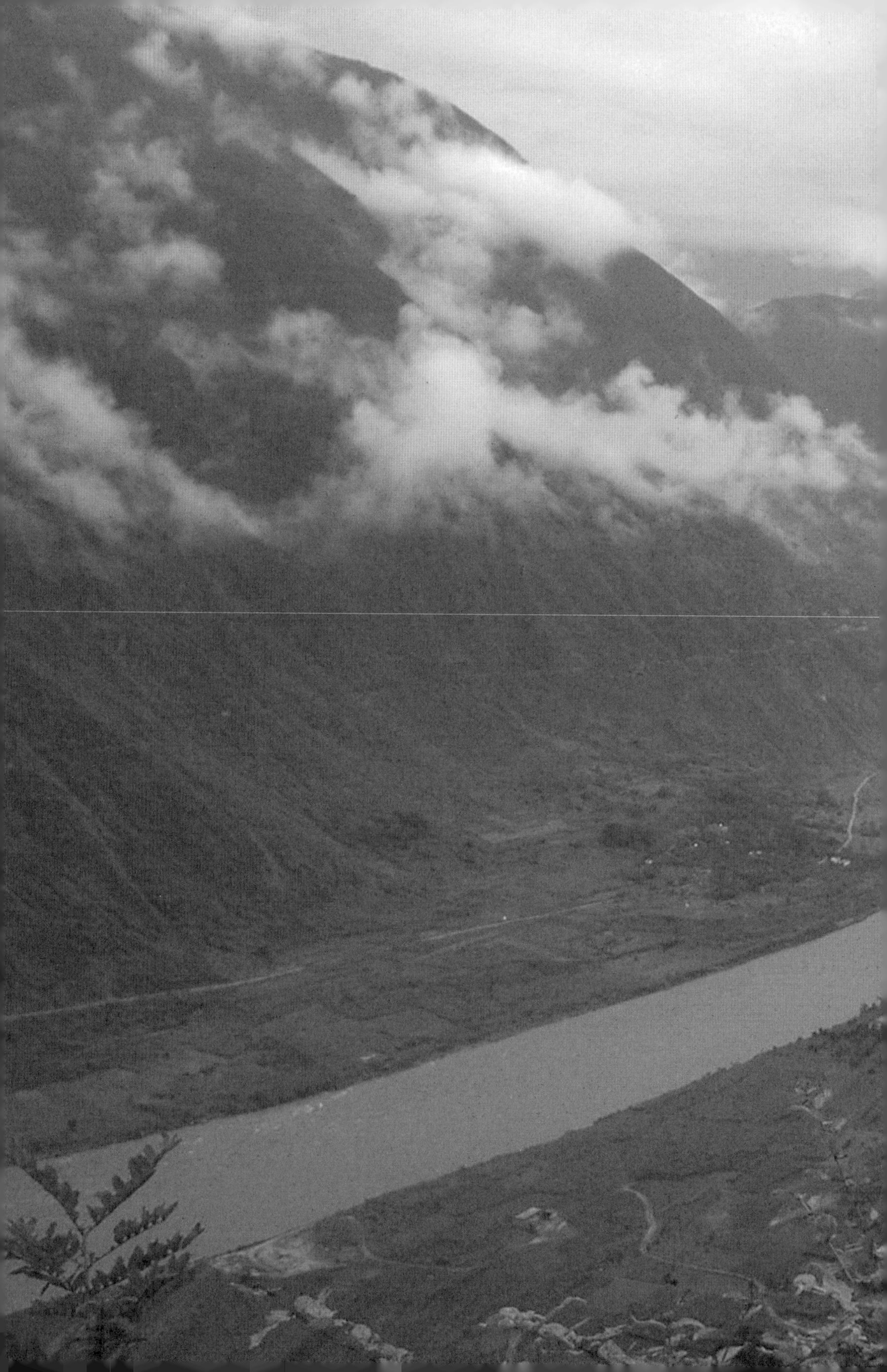

第一章

挑战勇气的生命禁区

如果你是一个探险者，
那么请带上勇气和毅力，
挑战生命禁区。
当你离开，
你将无所畏惧；
战胜自己，
你就是勇者。

可可西里
生命禁区

> 将自己的心交付给这片土地，在高原强劲的心跳声中感受雪域的圣洁与坚韧。

关键词：无人区、死亡地带、藏羚羊
国别：中国
位置：青海省玉树藏族自治州
最佳旅游时间：夏季

可可西里蒙语意为"美丽的少女"，藏语称该地区为"阿钦公加"，是目前世界上原始生态环境保存最完好的地区之一，也是目前中国建成的海拔最高、面积最大、野生动物资源最为丰富的自然保护区之一。这里被称为可可西里无人区，神秘的"死亡地带"。

可可西里地区平均海拔在5000米左右，这里气候干燥、寒冷，氧气稀薄，淡水资源稀缺，环境非常险恶，让人望而生畏，被称为"生命禁区"。由于人类无法在这里定居，所以只能依稀见到适应高寒气候的野生动植物，因此，高原野生动物拥有了得天独厚的生存条件，这里成为"野生动物的乐园"。藏羚羊被称为可可西里的骄傲，是中国特有的物种。曾经有人这样描述过："藏羚羊不是大熊猫，只要你看到它们成群结队在雪后初霁的地平线上涌出，精灵一般的身材，飞翔一样优美的跑姿，你就会相信，它之所以能够在这片土地上生存数千万年，是因为它就属于这里。它不是一种濒临灭绝、适应能力差的动物，只要你不去管它，它自己就能活得好好的。"陆川导演的电影《可可西里》让藏羚羊走进了人们的视野，人们在看到壮美景色和血淋淋历史的同时，也对这块神秘的地方充满

可可西里，皑皑雪山下，草原碧绿如洗，在心跳声中感受雪域的圣洁与坚韧

成群结队的藏羚羊尽情驰骋，它们属于可可西里

渴望与憧憬。如果你被电影中那种苍凉纯净的美所震撼，不妨背起背包亲自穿越可可西里，感受圣洁的同时也体验一下大自然的残酷。不少人喜欢在这里进行探险和户外生存，不知道这些人是否知道，在可可西里，探险的意义其实就是拯救，拯救藏羚羊，拯救美丽，也拯救人类自己。因为这片美丽与苍凉交织的土地，再也经受不起摧残、暴虐和屠杀了。

可可西里无人区没有人类居住，但却是可以让行者的灵魂栖息的地方。严格来讲，这里根本不能算是观光地或者风景旅游区，它的美不是走马观花就能领略的，它也不是供游客尽情享受的度假天堂。你要如朝圣者那般虔诚，你要变成这里所有动植物中的一员，与一草一木一云一月对话，你需要把自己的欲望束缚起来，将自己的灵魂交付给这片土地，才能在高原强劲的心跳声中感受雪域的圣洁与坚韧。

可可西里是一片少有人踏足的秘境，是中国最脆弱的"死亡地带"，也是中国最美的"生命禁区"。人们唯有放下贪欲和畏惧，用爱心和关怀去守护，唯有如此，这片秘境才能真正向世人展示它的壮阔和美好。

温馨提示

1. 可可西里自然保护区每年游客数量限制在 1000 人以内，去旅游最好提前详细咨询。
2. 可可西里的大气含氧量很低，有心脏病、高血压、肺病等疾病的患者，建议不要前往。
3. 可可西里的环境非常脆弱，一定要注意保护环境。不可分解的垃圾要带走，可分解的就地掩埋。

罗布泊

再现的传奇

那些胡杨孤独地躺在沙丘之间，它们千年不朽，也许只是为了向后人诉说此处往日的辉煌、美丽的湖泊以及被黄沙埋没的动人故事。

关键词：胡杨、荒漠、罗布人
国别：中国
位置：新疆维吾尔自治区
最佳旅游时间：4月至10月

罗布泊，曾经的中国第二大咸水湖，如今已退化成干涸的盆地

　　没有什么树能比沙漠中的胡杨更能让人感到历史的沧桑了，行走在罗布泊的荒漠中，到处都是胡杨。它们有的挺立在戈壁中，粗大的枝干上长着细细的枝条，明明很苍老，却又透着股初春的新奇；有些倒在地上，干枯的木段散落一片，不知道是根还是枝；还有些胡杨林中，老树表皮龟裂，沟壑纵横，而旁边的新林则郁郁葱葱，生机勃勃，正是"病树前头万木春"，让人感慨岁月无情。

被风沙侵蚀了千百年的怪石，似乎向人们讲述着神秘的历史

  触摸着那些沙漠上的枯干，斑驳的树皮上透着不尽沧桑，仿佛听到它们在诉说着千万年前此地的辉煌：湖泊充盈，林木蔽空，水鸟在湖畔栖息，狍鹿在林间嬉戏，勤劳的罗布人驾着小舟捕捞肥美的大鱼……如今，已是沧海桑田，绿洲被黄沙吞没，村子、湖泊都消失在历史深处，只剩下这干枯的胡杨树，千年不朽。

  沿着布满卵石的荒野前行，干涸的河流上游，竟有清泉冒出，可惜流了没多远就都渗入黄沙之下。忽然远处一片姹紫嫣红，莫非这就是传说中的海市蜃楼？竟是这么清晰，这么美丽！直到有香味袭来，才晓得原来真的有一园桃花，满园春色和周边的荒漠形成鲜明对比，也许这就是桃花源吧，原来它竟躲在西域的大漠深处。

  桃园不远处高悬着"阿不旦"的门，告诉游人罗布人的村子到了。以前，人们普遍认为，神秘的罗布人还保留着古老的生活方式，他们不种田、不放牧，都靠渔猎为生，如今到了这里，才觉得他们并没有那么神秘。村子早已接受了现代社会的熏陶，旅游设施遍布，旅游才是这里最主要的收入来源。

  离开罗布人的村子，深入大漠去看看那些干涸的湖泊，拾起被黄沙烤得滚烫的贝壳，放到鼻下，已经没有一点腥气了，也许它们早已在烈日、风沙中晒了千年，早就忘了湖泊是什么味道。夕阳西下时，古烽火台映入眼帘。孤零零的土丘矗立在荒漠之中，不知曾有多少戍边士兵在此吹响羌笛，奏出一段江南的小调；有多少青年，在月下弹着胡地的琵琶，想着长安城中倚窗西望的佳人；又有多少刀光剑影在这里掠过。

  崔鬼神秘的雅丹城中又埋藏着什么样的秘密？是罗布人在此埋藏了惊天的宝藏，还是游龙般的白龙堆下藏着某个王国的龙脉？风起时那些鬼哭狼嚎之音是将士们绝望的呐喊，

造化面前，游人在追思这里曾经的繁华

是寻宝者、探险家们失望的哀鸣，还是被敌人逼入死亡之地的亡国遗民深深的诅咒？

罗布泊就是这样一个到处都是谜团，到处充满神秘气息的地方，这里到处都是惊险，到处都是冷寂，但它带来的那种刺激和展现的壮美的沙漠风光会让每一个来到这里的人深深地爱上这片土地。

温馨提示

1. 穿越罗布泊需有性能良好的越野车或骆驼等交通工具，维修工具、卫星电话、GPS 等也必不可少。
2. 沙漠一天中温差很大，须带足衣被。
3. 搭帐篷尽量选用红色或其他颜色显眼的布料，穿的外衣也要醒目些，使个人目标容易被人发现。
4. 一定要多人多车结伴而行，备足至少 15 天以上的水和食品，并根据个人身体状况自备药品。万一遇到特大沙尘暴，逗留时间肯定会延长。

003

怒江大峡谷
极致的诱惑

> 怒江一路奔腾而去，浪涛惊、峡谷鸣；幽谷里花草增艳，崖壁旁青藤蜿蜒。

关键词：山高、谷深、峰奇、民俗活动、溜索
国别：中国
位置：云南省怒江州
最佳旅游时间：全年

怒江大峡谷，山峰陡峭，云雾缭绕，雪峰显露，原始森林郁葱，景色美如画

　　怒江，顾名思义，水流湍急、涛激浪怒，从唐古拉山出发后，就势不可当，一副盛气凌人的样子。它咆哮着、怒吼着，奔涌向前。怒江两岸山岭海拔均在3000米以上，落差大、水流急，就像一个不知疲惫的运动员往前猛冲。江水如骏马般奔腾向前，撞击出了一条山高、谷深、峰奇的大峡谷。

　　云朵因山势高大而停滞，鸟儿因峰谷险峻而难行，两岸的山峰高高耸峙倚天而立，峭壁如刀劈一般笔直。怒江以一泻千里的雄姿顺流而下，宛如一条玉带，缠绕着两边的山

峰，汹涌澎湃。

　　峡谷东岸为碧罗雪山山脉，西岸为高黎贡山山脉，怒江奔腾于两座山脉之间，两岸山势雄伟、壁立千仞，垂直上下的石壁让人不敢直视。怒江大峡谷深受印度洋西南季风的影响，出现了"一山分四季，十里不同天"的奇特景色。河谷还是树木翠绿、鸟语花香、生机盎然的春天，山巅之上却早已冰雪覆盖，严寒逼人。各种珍稀的花草在这里茂盛地生长，罕见的禽鸟在这里自由地穿行。峡谷的景色总是给人一种季节错乱的感觉，令人如入仙境却又意乱神迷。

　　大峡谷的水也是奇幻的，随着季节的变化而变化。山上枝繁叶茂、鲜花盛开之时，江水倒映着山间的树木和花草，绿的、红的、紫的，交织成一幅五彩斑斓的油画，似乎是大自然不小心打翻了颜料盒，毫不吝啬地把所有色彩倾注其中。树叶凋零、白雪皑皑的冬季，白茫茫的一片纯洁的世界，江水也变成了银白色，寒风吹过，水面仿佛铺满了片片的碎银，发出夺目的光芒。一年四季之中，江水总是跟随着季节的更替，变换着美丽的心情，让游人不管什么时候到来都有不一样的感受。

　　高山、深谷、江流养育锤炼了怒江大峡谷的各族儿女，傈僳族、怒族、独龙族等民族生活在此。他们各具特色的生活方式、民俗活动构成了一幅和谐的峡谷风景画。傈僳族祈求五谷丰登的阔什节与除旧迎新的澡潭会，怒族庄严隆重的仙女节，独龙族剽牛祭天的祭祀活动……这些丰富多彩的民俗活动，都给怒江大峡谷增添了浓厚的人文情趣，这些震撼人心的盛会也吸引着无数的游人前来探秘寻奇。

　　在奔腾激荡的怒江面前，船儿都望而却步，溜索就这样应运而生。溜索是大峡谷中最具人文特色的景观，这无疑是与外界联通的最便捷、最简单的方式。蜘蛛侠似的飞渡方式，一方面彰显了傈僳族、怒族儿女们的过人胆识与超凡智慧，另一方面也赋予了他们诉说相思的浪漫。据说，溜索最初是一对相爱的傈僳族男女发明的，至今仍带着一股炽热的相思之情。通过溜索，人们可以在怒江上凌空飞翔，能够摆出各种造型，宛如水上漂一般的轻功让人羡慕，但过溜索需要极大的勇气。

📍 怒江涛声隆隆，水势汹汹，奔腾激荡

◉ 怒江两岸，翠竹绿林，古木参天，松萝满树，幽中显古，蔚为壮观

　　行走在江边，听着怒吼的水声，绝对是一次极为震撼的视听享受。两岸的风景如画，树木苍翠欲滴，鲜花烂漫似锦，山顶银装素裹，原生态的环境让人欲罢不能；而且在这里真的能够感受到大峡谷的险峻。这里，高山上云雾缭绕，天空如同水洗一样湛蓝，空气清新怡人，人们纯朴自然。怒江大峡谷绝对是值得一去的地方。

> **温馨提示**
>
> ① 在这里可以参加过溜索、划木船等活动，但一定要在专业人员的带领下进行。
> ② 路过怒族人家门前，要提防看门的狗，不要轻易靠近主人不在家的院落。
> ③ 尽量穿轻便的鞋子，因为大部分时间要在怒江边上行走。

雅鲁藏布大峡谷

无人穿越的处女地

雪山露出少许面庞，像个娇羞的新娘不敢摘下头顶的红盖头。

关键词：奇美、雪峰、大拐弯
国别：中国
位置：西藏自治区
最佳旅游时间：5月至10月

雅鲁藏布大峡谷两侧，壁立千仞，峰岭上冰川悬垂，云雾缭绕，气象万千

雅鲁藏布大峡谷是世界上最深、最长、海拔最高的河流大峡谷。它的发现，成为20世纪最伟大的地理发现之一。仅仅从远处观看，雅鲁藏布大峡谷的奇美就足以震撼人心了，它仿佛一把巨大的宝剑，将巍峨连绵的山岭一劈为二。那些雪峰、那些川壑，忽然被

分为两部分，只能隔着大峡谷遥遥对望。

　　汽车沿着川藏公路前行，首先到达的是林芝。茫茫林海衬托着花的海洋，这里的树木种类很丰富，有香蕉树、棕榈树等。林芝冬季平均气温在0℃以上，夏季在20℃左右，冬暖夏凉，是全国闻名的避暑胜地，越来越受到旅游者的青睐。

　　车行在雅鲁藏布大峡谷，车窗外经常可以看到高耸的古树上挂着很多哈达，这些曾经洁白的哈达被山风撕裂，呈现出无比的沧桑。据说这是为了纪念文成公主的。当地人说，顺时针绕着古树转三圈，未婚者会有桃花运，已婚者会婚姻美满。

　　从林芝的八一镇到排龙，之后由排龙走到扎曲，你就能够欣赏到世界上最深的峡谷——雅鲁藏布大峡谷了。

　　当你站在扎曲的山顶远眺，白云从身边飘过，对面的雪峰在云海中若隐若现，早晨的阳光将山峰染成金色，仿佛一座座仙山福地。向下看，怪石突兀，绿树掩映，浩浩荡荡的雅鲁藏布江自西而来，然后转向，绕着南迦巴瓦峰形成马蹄形大拐弯，向南奔腾而去。滔滔大河突然转了一个直角，令人惊叹不已。高峰与拐弯峡谷的组合，在世界峡谷河流史上十分罕见，这本身就是一种自然奇观。

　　如果从空中鸟瞰大峡谷，你会发现雅鲁藏布江是在无数雪峰和碧绿的群山之中切出一条陡直的峡谷，穿越高山屏障，围绕南迦巴瓦峰形成奇特的大拐弯，南泻注入印度洋，其壮丽奇特无与伦比。

　　最后，可以乘车由排龙到米林，由米林到山南地区的加查，欣赏整个雅鲁藏布大峡谷风光。你可以看着雅鲁藏布江的水，从固态的万年冰雪到沸腾的温泉，从涓涓细流、帘帘飞瀑到滔滔江水。你可以看着大峡谷的山，从遍布热带雨林的山脉到直入云天的皑皑雪山，让人感觉如神来之笔。其山峰皆为强烈上升断块，巍峨挺拔，直入云端。峰岭上冰川悬垂，气象万千。

　　眺望远方，云雾缭绕，高峰都很模糊，一阵山风过后，那些圣洁的雪山依稀可见。如同头顶白纱的美丽少女，在日光下双眸熠熠生

○ 至今没有一人敢于在雅鲁藏布江的激流中漂流，谷底至今没有一人能全程穿行

○ 滔滔江水突然转了一个直角，令人惊叹不已，不能不为这大自然的鬼斧神工叫绝

雅鲁藏布江犹如一条银色巨龙，从雪山冰峰间流出，奔向藏南谷地

辉，顾盼间让游人神魂颠倒；又如娇羞的新娘不敢摘下头顶的红盖头，微风拂过，露出桃花般娇羞的俏脸。

清澈的河水沿着山峰在曲折的河道里流淌，平缓而宁静。岸上是丛生的植物，绿意盎然，焕发着勃勃生机。逶迤的群山下，随处可见色彩鲜艳的小屋、在门口游荡的家畜，这里就是它们的乐园。这里没有现代城市的喧嚣，没有灯红酒绿的应酬，没有世俗中的客套与奉承，有的只是那仿佛一伸手就能碰到的蓝天，在云海中若隐若现的雪山，还有那奔流直下的江水。呼吸着来自雪山之巅的空气，让自己浮躁的心平静下来。

雅鲁藏布大峡谷，冰川、绝壁、陡坡、泥石流和波涛汹涌的大河交错在一起，环境错综复杂。许多地区至今仍无人涉足，堪称"地球上最后的秘境"。它也是世界仅存的处女地之一，至今无人敢在此漂流，更没人敢在此徒步穿行。这里有世界上最纯净的天空，最飘逸的云彩，最雄伟的雪峰，最壮丽的大拐弯，最丰富的宝库，这里是世界上最美丽、最令人向往的地方。

温馨提示

❶ 可以提前一周服用预防高原反应的药物。

❷ 峡谷内有猛兽、毒蛇出没，应做好安全措施。

❸ 在雨季期间最好不要进入峡谷探险，有可能发生泥石流等自然灾害。

这里到处都是绝美的景色，却散发出死亡的气息……

005

死谷
触碰死神的手

关键词：惊险、盐溪、恶水河床
国别：美国
位置：加利福尼亚州东南部
最佳旅游时间：11月至次年4月

荒漠气候下死谷中的一片开阔之地

美国加利福尼亚州与内华达州相连的群山之中的死谷，面积达1400多平方千米。峡谷两侧是悬崖绝壁，地势十分险峻。这里是北美洲最炽热、最干燥的地区。每逢倾盆大雨，炽热的地方便会冲起滚滚泥流。因为恶劣的环境，整个地区都被神秘所笼罩，人们将其称为"死火山口""干骨谷"和"葬礼山"等，但越是奇特的景观，越是惊险刺激，越能吸引游人前来探访。1933年美国总统胡佛将其命名为"死谷"，并设立为国家特级保护区，1994年美国将其正式辟为国家公园。

死谷还是印第安人曾经的居住之地，关于印第安人守卫着他们的圣山，杀死进入此地的冒犯者的流言在附近不断流传。最为传奇的是1849年冬天，一批往旧金山淘金的队伍抄捷径横穿该谷，但很多人再也没有走出来，没人知道他们到底遇到了什么，是印第安部落，或是无法解释的自然现象。少数活着走出山谷的人都对他们在其中的遭遇闭口不谈，只是将其称为"死亡之谷"。

如今，开放的国家公园吸引了更多的游客，他们并未遇见任何奇怪的现象或死亡的威胁，相反这里环境十分美丽。如果驾车行驶在蜿蜒的公路上，

死谷中沟壑纵横的山峦

　　游人会不断地看到紫红或者橘黄色的山岩，在一望无际的沙漠的衬托下，岩石色彩随着阳光的强弱不断变化，奇幻莫测，人们称之为"艺术家的调色盘"。这些色彩是由矿物质中那些不同元素形成的，岩石含有毒性物质，接触多了对人的健康有害。距离一个村庄不远有一处宽广的沙丘，沙丘上纹路清晰，错落有致，宏伟苍茫，构成一幅令人叹为观止的天然美景图，让人们深深体会到大自然神奇的力量。唯一不足的是在这里几乎找不到生命的迹象。

　　在死谷最低处，你会看到犹如银带一样的盐溪和恶水河床。这条盐溪水温高达40℃，含盐量比海水还高出4倍，但在干旱的气候下，这里就只留下闪闪发光的盐粒。龟裂的恶水河床还有一个奇特的现象，在有些大石背后，可见到明显的滑行轨迹，长长的带有动感的滑行轨迹完全是大石自行运动的结果，不过究竟是风力使然还是地震推动，无人知晓。时至今日，大石滑行的轨迹从未中断或者停止过，神秘的大自然总在我们不经意间又将神秘的轨迹拖行得更长更远。正是这些奇妙的景物，让人们几乎失去空间感和时间感，被死谷深深地吸引着！

温馨提示

① 托马斯·凯勒餐厅（Thomas Keller）是到死谷旅游不可错过的景点，餐厅是一栋用石头建造的房子，它是当代加利福尼亚的烹调中心，提供具有法式风格且品质非凡的菜肴。

② 参观完死谷的自然景观，到洛杉矶圣莫妮卡餐厅（Santa Monica）享用"创意沙拉"，成为很多名人的新热点体验。

006

卡尔斯巴德洞窟

带屋顶的大峡谷

在荒凉的沙漠底下,隐藏着一处惊人的奇观,一座多彩的地下宫殿……

关键词:蝙蝠、巨穴、石笋
国别:美国
位置:新墨西哥州
最佳旅游时间:4月至6月

美国新墨西哥州南部有一处壮丽的奇观,这就是卡尔斯巴德洞窟,因为其中生活着大量蝙蝠,当地人称之为"蝙蝠洞",是西半球最大的天然巨穴之一。卡尔斯巴德洞窟国家公园内奇特的地质形态非常罕见,这里有各种各样的怪石、石笋,有巨大的形似珊瑚礁的凸岩底座,有一排排垂挂而下的石帘,有幽静的洞中水潭,有潺潺不息的地下河流……

主洞穴的拱形洞口直通地下,漆黑一片,深不可测,其规模和气势令人惊叹。庞大的地下迷宫迄今为止尚未被完全探索清楚,它的空间是如此庞大,以至于美国滑稽演员威尔·罗杰斯(Will Rogers)称这个地下奇景为"带屋顶的大峡谷"。

洞中的岩石在亿万年的演变中,形成了数不清的奇观,较大的有6层楼高,而较小的则如蕾丝般精美。有些丛生的石笋高高地挂在洞顶上,如同悬挂着无数把利剑,游人站在下面顿时感觉头顶发凉;有些从高处垂下的石笋聚成一堆堆、一簇簇,远远望去如同飘浮在空气中的水母,那垂下的丝须,似乎还能随意摆动;还有些巨大的钟乳石挺立在洞中,如同沙漠上丛生的仙人掌,因饱含铁元素而呈现出黄绿色,使它们更加形象逼真。墙壁上的怪石更是如同鬼斧神工的雕刻般精美传神:有的如少女的脸颊,圆润光滑;有的如同老人的拐杖,倚靠在石椅旁;

流水侵蚀形成根须状的石幔,蔚为壮观

○ 开阔的洞内钟乳石到处都是，在灯光的映衬下，色彩绚丽

有的如同站起瞭望的兔子、奔走的野狼，动感十足……

不同的洞穴，也存在不同的景观：大的洞穴内部十分空旷，怪石、水潭列于其间；小的洞穴则如狭仄的深廊，只能看到斑驳的洞壁，其中也黑暗得多；靠近外面的地方还能感到沙漠中的暑气，空气也比较干燥；深入地下的洞中则清凉湿润，洞壁不时有积水流下，汇入幽深的水潭中；有些洞穴只有一条道路，直通洞底，而另外的则如迷宫般复杂，洞中曲径相连，石墙、石林时时将道路分隔。

卡尔斯巴德洞窟的上面，是北美最大沙漠的部分山区。此处生活着丰富的野生动物，有长耳鹿、草原狼、美洲狮和浣熊等，植物包括龙舌兰、仙人掌和墨西哥刺木。壮丽的沙漠使山区景观和地下洞穴奇观相得益彰，使卡尔巴斯德洞窟国家公园成为享誉全球的胜景。

此外，公园的另一个看点就是蝙蝠。每年4月至10月的傍晚，无数的蝙蝠从洞口蜂拥而出，在夜空中仿佛迅速移动的黑云。蝙蝠群呼啸而过，形成宽度达160千米的巨网，所过之处，飞虫片甲不留。当黎明到来时，它们才会陆续返回洞穴。而白天，它们就密密麻麻地挂在洞穴之中，如同洞顶结满了黑色的果实，蔚为壮观。

温馨提示

❶ 很多洞穴中十分潮湿，游人最好穿防水、防滑的鞋子，另外灯光暗淡或耀眼处应仔细看路，以免摔倒发生危险。

❷ 参观时应遵守旅游规定，有些景点可能存在危险，游人不可随意越过栏杆，更不可独自深入无人探测的洞穴中冒险。

007

鄱阳湖
魔鬼三角区

多少年来，在这片水域沉没的船只无数，帆影点点，渔舟片片的美丽的鄱阳湖果真有这样一片诡秘的水域吗？

关键词：神秘、沉船　位置：江西省北部
国别：中国　　　　最佳旅游时间：11月至次年3月

白鹤落在树梢之上，仿佛也被鄱阳湖这美丽的景色迷住了

鄱阳湖是中国第一大淡水湖，也是中国第二大湖。"浩渺鄱湖水接天，波翻浪涌竞争先。连江通海胸怀广，滋养生灵岁复年。"鄱阳湖上承赣、抚、信、饶、修五河之水，下接长江。丰水季节浪涌波腾，浩瀚万顷，水天相连。但是，它也存在一片类似于"百慕大"的神秘水域。在它的北部有一处令当地渔民和过往船只闻风丧胆的神秘三角地带，矗立在这个区域东岸的一座有1000多年历史的建筑风格非常独特的老爷庙，为它平添了许多神秘色彩，这便是被称为"魔鬼三角区"的老爷庙水域。自古以来这里翻沉了无数的船只，出现了一系列令人难以解释的怪谜。

1945年4月16日，侵华日军一艘2000多吨的运输船"神户九号"，装满了在我国掠夺的金银财宝和古玩等顺长江入海回日本，谁

芳草萋萋，湖水淼淼，远山朦胧，鄱阳湖美得醉人

知船行驶到鄱阳湖老爷庙水域却无声无息地下沉了，船上的200多人没有一人生还。

驻九江的日本海军派出了一支潜水队伍来到老爷庙水域，谁知潜水员下水后，有去无归，只一人得返。他脱下潜水服后，面色苍白，说不出一句话来，接着就精神失常了。

如果单论沉船事故多，"魔鬼水域"倒也没有什么出奇之处，但令人费解的是，这片水域水并不深，一般深度只有30多米，最深处也只有40米左右，而且湖底并没有什么暗礁，根本就没有触礁沉没的可能。

曾夺去许多生命，吞没过许多财宝的鄱阳湖"魔鬼三角区"，屡屡显露杀机、制造惨案的秘密，究竟何在呢？问题似乎变得越来越令人费解，也由此成为一个亟待解开的谜团。

温馨提示

① 想去鄱阳湖观鸟，最好早去，否则增多的游人会使鸟儿受惊逃走。

② 观鸟时不要穿红、黄、橙这些色彩鲜艳的衣服，强烈的色彩容易使鸟儿受到惊吓。

③ 到鄱阳湖，要吃全鱼宴，特别是潘阳三鲜（银鱼、鳜鱼、凤尾鱼）。

008

百慕大
死神的魅影

世界上最离奇的地方，无数飞机、轮船在这里永远地消失了，没人知道，那里面到底有什么。

关键词：神秘恐怖、失踪事件
国别：英国
位置：北大西洋西部
最佳旅游时间：春、冬两季

清澈幽蓝的海水给人安逸的享受，但百慕大仍透着一丝神秘

百慕大位于北大西洋，这里金融业和旅游业繁荣，是得天独厚的"避税天堂"和远近闻名的"公司天堂"，是世界著名的离岸金融中心。大西洋清澈幽蓝的海水似乎是最适合游客放松休闲的地方，当地有宜人的热带气候、风景优美的海滩，还有粉红色的细沙和蓝绿色的海洋。不过，百慕大之所以出名，并非是由于它美丽的海岛风光，而是因为这里的神秘事件。说起百慕大，人们就会联想到恐怖而神秘的"百慕大三角"。很多人相信，一旦进入就再也出不来了。甚至最有经验的海员或飞行员通过这里时，都无心欣赏那如画的海上风光，而是战战兢兢、提心吊胆，唯恐碰上神秘恐怖的力量，不明不白地葬身

岸边的礁石形态各异，似乎诉说着神秘失踪事件的缘由

大海。因为几百年来，曾有飞机和多艘轮船在那恶魔般的百慕大三角消失。这些离奇的事件，是怒海波涛、旋涡、神秘的电磁力造成的，还是过于丰富的想象力在作怪呢？

一名飞行员，曾经驾驶飞机在百慕大三角上空飞行。据他自己描述，他曾遇到过巨大的云海，两片云海正好挡住了他的飞行线路，他只好决定冲进云海去冒险飞行。当他将要接近云海的时候，发现两片云海相交的地方上空出现了一个"U"形缺口，他毫不犹豫地掉转方位向那个仅有的缺口飞去。然而，当他进入缺口后，才发现那根本不是普通的航线，他的飞机进入了一个由数条直线状云围绕成的长线形云洞。他在里面飞行就好像是自来水在水管中穿行一般，没有其他路径，更看不到尽头，就这样，他只行驶了几分钟便冲出这诡异的云洞，随后无线电也恢复了信号。当他与塔台联系的时候，塔台发现他已经偏离了正常飞行航线，并且失去联系也不是他认为的几分钟，而是将近30分钟。时间到底是如何消失的，没有任何人可以解释。

现在，百慕大三角已经是那些神秘的、不可理解的各种失踪事件的代名词，每年吸引着无数喜欢探险、爱好探索自然之谜的人前往参观。

温馨提示

❶ 百慕大是大西洋上唯一不允许非本地居民驾驶汽车的海岛。

❷ 当地的餐馆有收取小费的习惯，一般建议给餐费 10%～20% 的小费。

009

科库斯岛

与鲨共舞

这孤悬于太平洋上的岛屿，始终蒙着面纱，吸引人们前来探险。

关键词：探险寻宝、岛中王国
国别：哥斯达黎加
位置：科库斯火山脉的中心
最佳旅游时间：4月至6月

无边无际的海平面上，逐渐显现一片森然的阴影，近了，才发现那是一座孤岛，这座科幻惊悚小说里出现过上百次的荒岛就是科库斯岛。它是太平洋东岸一座热带雨林岛，和《失落的世界》里描述的场景一样，雾气不动声色地笼罩在岛的上空，巨大的灌木丛和芭蕉树扇动着枝叶，此起彼伏，风把岛上不知名的兽类号叫声捎到耳边，于是每接近1米，心跳就愈加剧烈。

岛的四周暗礁林立，东部有60～180米高的悬崖峭壁，形成天然屏障，因其优越的地理位置和环境，这里成为17世纪海盗的乐园，因此传说岛上埋藏了大量的金银珠宝。那些年，海盗们把它当作劫掠商船的最佳出发地和后勤供给基地。那是一个混乱嚣张的年代，海盗们掠夺大量金银财宝，吸引后人们纷纷前来探险寻宝。

诱人的传说、宝藏的秘密、秀美的风光驱使着探险者纷纷踏上这座宝岛，无所不用其极地疯狂探寻着宝藏的下落。因此，在那段时间，科库斯岛的生态受到了较为严重的破坏。为了保护科库斯岛的生态环境，哥斯达黎加政府决定封闭该岛，严禁任何人破坏岛上

⊙ 坐在椰子树上尽情感受蓝天白云带来的惬意

深入海中的长廊让你更方便接触蔚蓝的海水

环境。因它与世隔绝，很多濒临灭绝的生物得以保存下来，并不断地进化出全新的物种。因此这块土地的面积虽不及全世界万分之一，却孕育出占世界4%以上的物种。岛上地势险要，悬崖、丘陵和陡壁上密密麻麻地爬满了不同时代的植物，演绎着生命进化的历程。公园中70多种动物，有很大一部分是地球上别的地方看不到或者濒临灭绝的。这些珍稀物种中包括金刚鹦鹉和锤头鲨等。

科库斯岛被公认是世界十大潜水胜地之一，是潜水人的梦想之地。"世界上没有别的地方会像科库斯岛般有这么多大鱼济济一堂……在这里只要潜一次水，就有机会与成千上万的鱼近距离接触。"科库斯岛的水下世界，红唇蝙蝠鱼既性感又搞笑，大鳐鱼和白鳍鲨肩并肩一起打瞌睡，丝鲨与成群的海苴鱼一起畅游，蝠鲼与斑点鹰鳐跳舞狂欢。这里也是鲨鱼的天堂，有鲸鲨、锤头鲨和白鳍鲨，还有金枪鱼等其他鱼类。

岛上遍布奇形怪状的礁石和形态恐怖、迷宫一样的地下暗洞。除此之外，还有千姿百态的瀑布，俨然一个岛中王国。如果你怀着一颗寻宝的心来到这里，那么，别再拘泥于总也找寻不到的宝藏，请收下大自然这份珍贵的馈赠吧。

温馨提示

❶ 岛上可供住宿的地方不多，游客一般选择在乘坐的邮轮上住宿。

❷ 热带水果和海鲜是当地的特色美食。

010

冰岛
世界尽头

> 靠近山的这一面是一条天堂般银白晶莹的冰河，另一面则是冒着热气的地热喷泉，恍惚间，以为到了天际。

关键词：冰川、火山、温泉
国别：冰岛
位置：大西洋和北冰洋的格陵兰海之间
最佳旅游时间：1月至3月、6月至9月

冰岛，在英语里意为"冰冻的陆地"。据说这个神奇的岛国的名字，源于发现者的最初印象。4世纪，希腊地理学家皮菲依曾称它为"雾岛"。但由于海岛远离大陆，交通不便，很少有人光临。864年，斯堪的纳维亚航海家弗洛克踏上岛岸，此岛才真正被"发现"，后斯堪的纳维亚人、爱尔兰人、苏格兰人纷至沓来。当这些移民的船驶近南部海岸时，首先见到的是一座巨大的冰川，即冰岛著名的瓦特纳冰川。人们对这座冰川留下了极深的印象，于是把该岛命名为"冰岛"。

初到冰岛的每个人都会有一种走到世界尽头的感觉：没有一棵树，路两旁是一望无际的黄绿色的火山岩荒漠，天尽头是一座座火山。难怪当年美国宇航员实施登月行动之前选择在冰岛的荒漠上体验月球上的感觉。

冰岛的地貌十分罕见，再没有哪个地方容纳了如此众多的地貌特征：这里有欧洲最大的冰川，种类繁多的火山，鲜见的浮冰湖，多姿多彩的奇峰峻岭和海岸绝壁，数不清的地热泉，别有洞天的瀑布，以及大片大片人类尚未惊扰过的冰帽、苔原、冰原、火山岩荒漠等原始地貌，是极冷的冰和极热的火共存共荣的地方。

冰岛的天气也变幻莫测，让人捉摸不定。人们经常开玩笑说："如果不喜欢冰岛这会儿的天气，那么请你等5分钟，到时候可能比现在更糟。"由此你就会知道，冰岛有多神奇。

另外，岛上拥有很多火山，以"极圈火岛"著称。冰岛火山总数为200～300座，其中活火山有40～50座。较为有名的火山有拉基火山、华纳达尔斯火山、海克拉火山与卡特拉火山等。1963—1967年在西南岸的火山活动形成了一个2.1平方千米的小岛。

冰岛温泉的数量居全世界之冠，全岛约有250个碱性温泉，最大的温泉每秒可产生200升的泉水。距离雷克雅未克较近的温泉城，是个值得一去的地方，这里的花草树木和

○ 岛上住宿并不落后，设备都十分现代化

建筑简直是北欧童话里的仙境再现。

或者因为这里有世界上最纯净的空气和水，以及最好的温泉，或者因为冰岛是个神秘莫测的国度，比起其他的北欧国家，冰岛看起来很原始，人与自然非常贴近。在冰岛居民大量集中的南部海岸附近，80%的火山岛与冰河、湖泊、山洞熔岩混在一起，加上杂草丛生，似乎永远走不出去。你是否愿意来体验一下它的神秘？

温馨提示

❶ 骑自行车游冰岛是个绝好的选择，你可以随时带着自行车跳上公共汽车，但是崎岖不平的路、恶劣的天气，再加上时常需要渡河，对你来说也许是个挑战。

❷ 三文鱼是非常棒的美味，是每一个到冰岛的旅游者非尝不可的上等食品，在欧洲只有四星级的宾馆早餐才提供三文鱼。

011

撒哈拉沙漠

生存的渴望

阳光将沙子染成耀眼的金黄色，如黄金般绚丽。在沙漠行走，身后留下两行平行的脚印。

关键词：绿洲、神秘、狂野　　位置：非洲北部
国别：阿尔及利亚、利比亚等国　　最佳旅游时间：3月至5月

　　撒哈拉沙漠是世界最大的沙漠，是世界上阳光最多的地方，也是自然条件最为严酷的沙漠。在这里，白天看不到地平线，白茫茫一片，远近难分。撒哈拉沙漠位于非洲北部，占非洲总面积的32%。这块沙漠大约形成于250万年以前，沙占据了它1/5的面积，其余则是裸露的平原、岩石高原、山地和岩滩。这里气候条件极其恶劣，是地球上最不适合生物生存的地方之一。自古以来，撒哈拉沙漠就固执地拒绝被人们打扰。撒哈拉沙漠人迹罕至，但也绝非没有人烟，撒哈拉的居民集中在绿洲上生活。

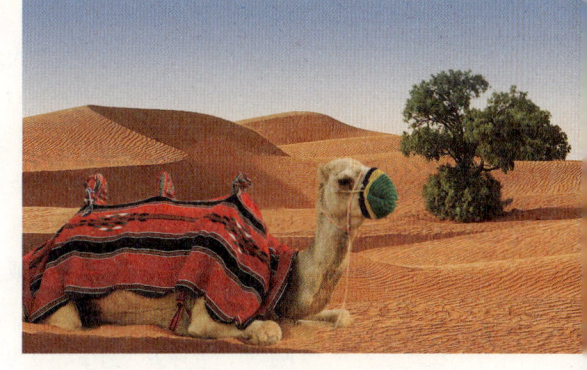

◎ 骆驼成为沙漠地区代替游人徒步的重要交通工具

　　撒哈拉沙漠将非洲大陆分割成两部分，北非和南部非洲。这两部分的气候和文化截然不同，撒哈拉沙漠南部边界是半干旱的热带稀树草原，而往南则是雨水充沛、植物繁茂的南部非洲。

　　撒哈拉沙漠时而扬尘、时而平静如水，给人以致命的诱惑。只要你用心去感受，就能发现撒哈拉沙漠蕴藏在深处的美——浩瀚无垠的沙漠，晴空万里，骄阳似火，博大的美让人窒息，那苍凉雄伟的景象也别有一番风韵。

　　撒哈拉的植物成长期极其短暂，深藏在地下不知道多少年的种子疯狂生长，在雨露下开花结果，完成一次生命的历程。似乎一瞬间，千花盛开的景象代替了贫瘠空旷，使人感

撒哈拉沙漠上连绵的沙丘如同月球的表面，在阳光照射下璀璨如金

到耳目一新。待花开过后，干旱再次控制大地，种子则默默潜伏，陷入等待之中。顽强的生命不惧等待，在时间中寻求机会，看天空云卷云舒，撒哈拉沙漠的守望者们坚守着那份渴望与执着，等待生命的雨季。

　　说到撒哈拉沙漠，就不得不提到一个女子、一本书。三毛，一个瘦弱的女子，背起行囊，只身奔向黄沙漫漫的撒哈拉沙漠，从此，一片苍茫的荒漠沙海在她的笔下犹如轻巧的画卷，有声有色地展开。不知道是撒哈拉成全了三毛的乡愁，还是三毛成全了万千年轻人的梦境。每个人都有年轻的时候，茫然无从，不知所措。隐藏在平静生活下的内心，渴望的却是另外一种东西，一种更为自由、更为洒脱的生活，撒哈拉是一个绝好的圆梦之地，遥远、神秘、如梦如幻。

　　沙漠是一个无关风月的地方，都市的狂躁与不安在它那狂野的风沙面前都化为一个最纯粹的信念：活下去。撒哈拉是最接近于生命本质的地方，一片绿色的生命之洲、一泓能够润嗓的泉水，一切在平常生活中你不屑一顾、唾手可得的东西，此时此刻却成为你全部的奢望。难怪会有人说去过了撒哈拉沙漠，你才能爱上这个世界，在那里体验过生与死的选择，才知道现在生活的珍贵。

温馨提示

❶ 传统美味的摩洛哥美食，不容错过。

❷ 水在沙漠里是珍贵的资源，穿越沙漠需要耗费很大的体力，除水之外不要带过多其他物品。

岩塔沙漠

荒野的墓标

放眼望去,四处都是岩石,或突兀站立,或金鸡独立,或仰天长啸,或低头不语俯视着大地,形状各异,长短不一。

关键词:珀斯、岩塔	位置:西澳大利亚州首府珀斯以北
国别:澳大利亚	最佳旅游季节:8月至10月

岩塔沙漠,位于澳大利亚西部的西澳首府珀斯以北约250千米处,在邻近澳大利亚西南海岸线的楠邦国家公园内。这片沙漠荒凉不毛,人迹罕至,只见风卷流沙,一片金黄,一片死寂,只有风在鸣咽,如泣如诉。这片茫茫的黄沙之中,耸立着成千上万的岩塔,苍凉地立在风中,经受着千年狂风的洗礼。它们奇形怪状,遍布沙漠,景色壮观,神秘而怪异。有人形容这种景象为"荒野的墓标",让人感到世界末日的来临。这里地形崎岖,地面布满了石灰岩,只有越野汽车可行驶。这里是科幻小说家描写岩塔的惊险小说最理想的

沙漠中沙丘推动作用下形成的砂石块

沙漠中林立的岩塔,从远处看如同一棵棵仙人掌

背景地。

暗灰色的岩塔高1~5米,竖立在平坦的沙面之上。往沙漠腹地走去,岩塔的颜色由暗灰色逐渐变成金黄色。有些岩塔大如房屋,有些则细如铅笔。岩塔的数目成千上万,分布在约4平方千米的沙漠上。每个岩塔形状不同,有的表面比较平滑,有的像蜂窝,有的像巨大的牛奶瓶散放在那里,等待送奶人前来收集,还有一簇名为"鬼影",中间那根石柱状如死神。其他岩塔的名字也都名如其形,但是不似"鬼影"那样令人毛骨悚然,如"骆驼""大袋鼠""臼齿""门口""园墙""印第安酋长""象足"等。岩塔已有几万年的历史,帽贝等海洋软体动物是构成岩塔的原始材料。几十万年前,这些软体动物在温暖的海洋中大量繁殖,死后贝壳破碎成石灰沙。这些沙被风浪带到岸上,一层层堆成沙丘。

在冬季多雨、夏季干燥的地中海式气候下,沙丘上长满了植物。植物的根系使沙丘变得稳固,并积累腐殖质。冬季的酸性雨水渗入沙中,溶解掉一些沙粒。夏季沙子变干,溶解的部分结硬成水泥状,把沙粒粘在一起变成石灰石。这样逐渐累积,沙被吹走,坚硬的石灰岩就露出来成为岩塔。岩塔上有许多沙痕,记录了沙丘移动时的沙层厚度及其坡度的变化。

历史上很多名人走访过这片沙漠,相对于岩塔真正的形成原理,人们更愿意相信这是大自然的安排。

温馨提示

① 在沙漠里容易迷路,一定要带好地图、指南针、卫星电话、GPS等,最好寻找当地的导游同行。

② 由于沙漠的沙子很细小,要将相机等物品保管好,否则沙粒进入后不容易清理,还会划伤显示屏。

一颗来自沙漠的沙粒，飘荡千万里，捧一把细沙，漫漫漏掉，时间就这样过去了。

塔克拉玛干沙漠

死亡之海

关键词：沙丘、浩瀚　　位置：新疆维吾尔自治区塔里木盆地
国别：中国　　　　　　最佳旅游时间：10月下旬至11月中旬

　　塔克拉玛干沙漠，维吾尔语意为"进去之后出不来的地方"，人们通常称它为"死亡之海"。它位于中国新疆的塔里木盆地中央，是中国最大的沙漠，也是世界第十大沙漠，同时还是世界第二大的流动沙漠。整个沙漠长约1000千米，南北宽约400千米，面积达33.76万平方千米。沙漠里亦有少量的植物，这些植物根系异常发达，长度超过地上部分的几十倍乃至上百倍，以便汲取地下水分。沙漠中的动物有夏眠的现象。对沙漠旅人来说，骆驼是他们最佳的伴侣之一。

　　由于地处欧亚大陆的中心，四面高山环绕，塔克拉玛干沙漠充满了奇幻和神秘的色

在塔克拉玛干沙漠穿行，是热门的探险运动

彩。塔克拉玛干沙漠的侧翼为雄伟的山脉：天山在北面，昆仑山在南面，帕米尔高原在西面，东面逐渐过渡，直到罗布泊沼地。在南面和西面，在沙漠和山脉之间，是由卵石碎屑沉积物构成的一片坡形沙漠低地。

　　世界各大沙漠中，塔克拉玛干沙漠是最神秘、最具诱惑力的一个，它被评为中国最美的5个沙漠之一。风声、沙动充满这个壮观的世界。这里屹立的300米高的金字塔形沙丘如守岗的战士。狂风能将沙墙吹起，高度可达其3倍。沙漠里沙丘绵延，受风的影响，沙丘时常移动。沙是那样的细腻明亮，在太阳的照耀下显示出五颜六色的光彩，极其壮观雄伟。不过，在浩瀚的沙漠里也有人间天堂——绿洲，从高空俯瞰，犹如沙海中的绿色岛屿。

　　塔克拉玛干沙漠流动沙丘的面积很大，沙丘高度一般在70～80米，最高达250米。沙丘类型复杂多样，复合型沙山和沙垄宛若栖息在大地上的条条巨龙；塔形沙丘群呈现出窝状、羽毛状、鱼鳞状，变幻莫测。人在沙漠面前显得如此渺小，微风过后，脚印完全归于平坦，在大自然面前，无论是谁，一切终将归于本真。

　　黄昏，面前是一望无际的沙漠，头顶是蓝得没有一丝杂色的辽阔天空，金黄色的沙漠在远方连成一条线，大地呈现出一片诗意的苍凉。

　　变幻多样的沙漠形态，丰富而抗盐碱风沙的沙生植物植被，蒸发量高于降水量的干旱气候，以及尚存于沙漠中的湖泊，穿越沙海的绿洲，潜入沙漠的河流，生存于沙漠中的野生动物，特别是被深埋于沙海中的丝路遗址、远古村落、地下石油及多种金属矿藏……都被笼罩在神奇的迷雾之中，有待于人们去探寻。

沙漠之舟——骆驼

温馨提示

① 随身携带的摄影器材要做好防沙和防土的处理，在有缝隙的地方尽量用透明胶纸封好。

② 秋天穿越塔克拉玛干要做好保暖的准备，气温有时会降至0℃。

014

纳米布沙漠

"骷髅"的传说

> 沙漠并非都是金黄色的，纳米布沙漠就是一个传奇，耀眼的红色成了它的主导色。

关键词：红色沙漠、百岁兰
国别：纳米比亚等国
位置：非洲西南部大西洋沿岸干燥区
最佳旅游季节：7月、8月、11月、12月

○ 红色的沙丘，宛如火焰燃烧

如果用一种颜色来形容沙漠，你首先会想到什么颜色？灿烂如金的黄色？对！可是，世界上的沙漠都是这种颜色吗？答案当然是否定的！位于非洲西南部的纳米布沙漠，它的颜色就是红色的，鲜艳的红色。

纳米布沙漠中的植物，生命在这里顽强地和环境抗争

  来纳米比亚旅游的人都有一个共同的理由，就是看那世界顶级的经典景色——纳米布红色沙漠。虽然远在非洲，但是这也不能阻挡人们去看这世界美景的决心。在摄影狂人和旅行者心中若干个必去之地中，都能见到它的身影。
  纳米布沙漠地处非洲西南部，它虽没有撒哈拉沙漠那样广阔，但是同样壮观。纳米布沙漠里的苏维来沙丘是世界上最高的沙丘，一些沙丘高度可达300米。如果你运气好的话，还能撞见沙漠里的大象，纳米布沙漠是世界上唯一有大象生活的沙漠。同时，它也是世界上年龄最大的沙漠，成形时间为8000万年前，许多动植物只有在这里才得一见。纳米布是一片凉爽的海岸荒漠，在纳马语里的意思为"一无所有的地方"。纳米布沙漠以艳丽的红色沙丘闻名。红色沙漠，是因为沙子中含有丰富的铁，铁氧化后沙漠就变成了红色。随着日照角度的改变，沙漠颜色在一天中也不断地变化，当然，最神奇的是清晨或黄昏，太阳斜照，一半黑一半红，黑得沉静，红得妩媚，我们又怎么能错过它呢？

许多年前，地质学家便来此研究，直到今天，人们对这片沙漠依旧知之甚少。附近的海域会有南风，并伴有大雾，加上强烈的洋流，会导致船只迷路，于是北面的海滨有许多船的残骸，被称为"骷髅滩"。

纳米布沙漠是世界上最干燥的地方之一，在这里生活必须有很强的适应能力。百岁兰就是能够忍耐恶劣环境的代表。它被发现于1860年，是一种十分奇妙怪异的植物，其生长条件非常恶劣，年降雨量少于25毫米，加上来自海边的雾气也只相当于50毫米。最老的百岁兰的年龄估计在1500~2000年。

有些美景需亲身经历，到了这里，才能看到和照片里不一样的纳米布沙漠，看到了半月状的弧形沙丘和倒影，看到了颜色饱满的乌云和彩霞渲染着天与地，看到了一道道彩虹随着雨点的脚步出现，看到了远古化石化了的树木矗立在纳米布沙漠死亡谷中，红色沙丘成了背景。在顶级的自然风光里坐下来全身心地去感受，这种震撼非亲身经历不能体会。任何文字和图片的表述，在大自然的鬼斧神工面前都是苍白无力的。

没有撒哈拉沙漠的浪漫，也没有戈壁沙漠的浩瀚，但这里有世界最变幻多彩的沙丘。千年植物，一半海洋一半沙漠的景观，还有酷似月球的地貌，这就是纳米布沙漠，一个令人去过之后还想再去的地方。

◉ 沙漠中的河流在旱季完全干涸，遍布裂缝的河床暴露在空气中

> **温馨提示**
>
> ❶ 如果经费允许的话，不妨搭乘当地的小飞机，从高空俯瞰形态各异的沙丘，别有一番风情。
>
> ❷ 如果想了解纳米布沙漠的人文地理，建议跟随旅游团出游。

古尔班通古特沙漠

生命与死亡交织之处

没有撒哈拉沙漠的浩瀚，没有戈壁沙漠的狂野，有的只是生机勃勃，充满诗情画意。

关键词：生机勃勃、诗情画意
国别：中国
位置：新疆维吾尔自治区准噶尔盆地
最佳旅游时间：全年

有人说："沙漠里冬季有较多积雪，春季融雪后，古尔班通古特沙漠特有的短命植物迅速萌芽开花。这时，沙漠里一片草绿花鲜，繁花似锦，把沙漠装点得生机勃勃，充满诗情画意。"

古尔班通古特沙漠地处新疆准噶尔盆地中央，是中国第二大沙漠，同时也是中国面积最大的固定、半固定沙漠，面积约4.88万平方千米，海拔300～600米，水资源较多。它虽没有撒哈拉沙漠那样的雄伟广阔，但是同样美丽。

许多来古尔班通古特沙漠的游客，大多是为了看那引人瞩目的短命植物群落、白雪皑皑的冬季雪景以及春季的鲜花、夏季的绿灌，这里仿佛一处人间天堂。每个旅行者都为它疯狂。

实际上，古尔班通古特沙漠并不是一个独立沙漠，而是由4片沙漠组成的沙漠群。沙漠的沙粒主要来源于天山北方各河流的冲积沙层。由于风向的关系，沙丘可以分为不同的类型，其中沙垄是最具代表性的类型，占整个沙漠面积的一半以上。沙垄像一条条没有树叶的枝干般躺在地上，其最短的也可达数百米，高几十米，放眼望去，极为壮观。

沙漠垦区农牧场呈带状分布在沙漠南缘。绿色通道上，绿洲与沙漠相隔交错，形成了独特的自然人文景观。一边是胡杨、梭梭、黄羊，古老的自然生态；一边是机耕、电井、喷灌，现代的绿洲文明。一边是沙丘绵延，万籁俱寂，生命罕至；一边是绿波万顷，欢歌笑语，生机盎然。

生命与死亡竞争，绿浪与黄沙交织，现代与原始并存，是考察自然生态与人工生态的理想之地。这里有寸草不生、一望无际的沙海黄浪，有梭梭成林、红柳盛开的绿岛风光；有千变万化的海市蜃楼幻景，有千奇百怪的风蚀地貌造型；有风和日丽、黄羊漫游、苍鹰低旋的静谧画面，有狂风大作、飞沙走石、昏天黑地的惊险场景。中午黄沙烫手，甚至可

◉ 绵延的沙漠一望无垠，沙丘上渺无人烟

以烫熟鸡蛋；夜晚寒气逼人，像是进入冬天。茫茫大漠绿洲不仅有各种奇观异景，而且保留了大量珍贵的古丝绸之路的文化遗迹。

有些美景需亲身经历，每个人心里都有一片沙漠，或辽阔，或壮观，或生机勃勃。即使没有撒哈拉沙漠的浪漫，也没有戈壁沙漠的浩瀚，但这里诗情画意的景象就足以使我们为之折服，我们还有什么理由不喜欢这个地方呢？

温馨提示

❶ 每年的 9 月至 12 月最适合观景，1 月至 8 月最适合探险。
❷ 这里住宿的地方很少，最好随身携带帐篷以供露宿。
❸ 此地非常适合野餐，只要带上食材和炊具即可，这里柴火到处都是，可以尝试梭梭烤肉、烤馕。

第一章 挑战勇气的生命禁区

045

卡拉哈里沙漠
生命的奇迹

亿万年的变迁，岩石风化为细沙和粉尘，造就了雄壮的卡拉哈里沙漠。

关键词：植物、凹坑
国别：博茨瓦纳、纳米比亚等国
位置：非洲中南部
最佳旅游时间：7月、8月、11月、12月

沙漠中的大羚羊虽躯体粗壮，但仍善跳跃

提起非洲，"干旱"一词首先出现在脑海，干旱的大陆造就了雄伟的撒哈拉沙漠，如此辽阔，一望无垠。当我们惊叹这个世界上最大的沙漠的时候，在非洲的中南部有一个名为卡拉哈里的沙漠，这个美丽的地方也在向我们招手，迎接着各地的游客前来观光。

卡拉哈里沙漠地表起伏不大，是一片遍地是沙的平原。它北临恩加米湖，南界奥兰治河，东起东经26°左右，西迄大西洋沿岸附近，是非洲南部内地高原的一个如盆地般的平原。它几乎占据了博茨瓦纳、纳米比亚东部1/3以及南非开普省极北的部分。在西南部与纳米比亚的海滨沙漠融为一体。

卡拉哈里沙漠西南部降水量极低，因而几乎没有树或大灌木丛，只有分散的旱生灌木和矮草。卡拉哈里沙漠和撒哈拉沙漠中部纬度相当，气候相似，同样也受副热带高气压带的影响，地面终年干燥，年降水量125～250毫米；中部降雨较多，有零星树木及若干灌木和草地；北部则根本没有沙漠，而是一片开阔的林地。棕榈树生长在灌丛中，常绿树和

卡拉哈里沙漠，一望无垠的干沟和细沙

落叶树可长到15米高，树林中还有某些适合做家具的品种，其中最大、最稀有的树是猴面包树。奥卡万戈沼泽地滋长着苇草、纸莎草、睡莲和其他嗜水的植物。令人折服的是在如此干旱的环境下，却呈现出一片生机勃勃的景象。

卡拉哈里沙漠的整个西部以长长的沙丘链为特色，大致呈南北或西北走向。沙丘至少长1600米，宽数米，高6～60米。每一个沙丘同相邻的沙丘都由一个宽而平行的凹坑分隔开来，凹坑被当地人称为"街"或"小路"，因为每一个凹坑都供人行走。周围都是一望无际的沙的海洋，在阳光的照耀下，沙粒闪闪发光，如同黄金般耀眼。

乘坐飞机或者热气球横跨沙漠时，你会看到一拨接一拨的沙丘好似在不断地移动。沙丘很高，密密麻麻地排列着，顶端的沙粒被风吹平，宛如倒立的盘子。沙丘上刮出条纹，从天空俯瞰，相连的沙丘此起彼伏，色彩变幻万千，似乎在给人们献上一场美丽壮观的视觉盛宴。

> **温馨提示**
>
> ❶ 进入沙漠要准备充足的食物，多携带水果、蔬菜。
>
> ❷ 如果要在沙漠里休息，应搭起帐篷，以免阳光直晒。
>
> ❸ 穿着衣物应轻便、宽松而合身，不要轻易脱下衣物，以防止灼伤或增加流汗。

第一章 挑战勇气的生命禁区

鲸鱼谷
生命的记录

在这片历经沧海桑田的沙漠绿洲，只有那年代久远的化石、奇形怪状的山峦上的水纹线无声地告诉人们：这里曾是海底世界。

- **关键词**：化石、灭绝
- **国别**：埃及
- **位置**：法尤姆省开罗西南约150千米
- **最佳旅游时间**：10月至次年2月

○ 这里几千万年以前还是一片海域，如今却成了布满化石的荒漠

沙漠中竟然有"鲸鱼"，简直是天方夜谭！但是，在埃及法尤姆省的沙漠深处，有一个叫鲸鱼谷的地方，那里的确有"鲸鱼"。4000万年前，这里还是一片汪洋，无数海洋生物在这里遨游，因有成群的鲸鱼出没，所以得名鲸鱼谷。

如今，人们在这里集中发现大量珍贵的古代鲸类的化石，其中不乏很多珍贵的已灭绝的鲸类化石，它们显示出古代鲸类后肢的残余部分，记录了鲸类由陆上生物演化成海洋生物的过程。

在古地中海的水域里，一头阔口巨牙的天矫巨兽沉到海底死去了。随着时间的推移，它的骨骸蒙上了一层厚厚的沉积物。大海的水渐渐消退，从前的海床变成了沙漠，风霜慢

○ 原地露天展出的鲸类骨骼化石，保存得非常完好

慢剥去骨头上面的砂岩和页岩。地壳运动把印度推入亚洲的版图，挤出了喜马拉雅山脉。在非洲，人类的始祖头一次只靠后腿站起来走路。法老王建造了金字塔。罗马帝国盛极一时又灭亡。与此同时，风继续耐心地挖掘。

终于有一天，菲利普·金格里奇完成了这件杰作。他率领的考古小组找到了鲸类骨骼化石，一块块连起来，并且从脊椎到尾巴的整副骨骸都可以完整地连成一体。经科学考证，这种鲸鱼叫"械齿鲸"，是始祖鲸的一种，已经绝迹。械齿鲸由陆地哺乳类演化而来，它没有呼吸孔，却从其陆地祖先那里继承了一双小脚。这种鲸看起来很像大海蛇，但比海蛇珍贵得多，这一考古发现在世界上引起了轰动。

今天，走在沙漠里看到这些古老海洋生物的化石，想象一下，这片干旱的土地还是一片汪洋时，鲸鱼正在猎食和潜游的情景。沧海桑田，翻天覆地。那留存了时间记忆的化石，以及山峦上的水纹线，都无声地告诉游人：我们是可以触摸的时间，这里曾是海洋的世界。

走进这个依然与世隔绝的"桃花源"，人们不禁会感慨人生，思考永恒，却又不知道永远到底有多远。大漠中的"鲸鱼"，又何尝不能反观包括人类在内的地球物种的现实和未来呢？

温馨提示

① 请携带防晒霜、遮阳帽、墨镜等防晒用品，防止晒伤，埃及是一个不卖面膜的国家，如需要，需自备。

② 酒店内一般不提供拖鞋、牙具等一次性物品；热水为房间服务项目，需要另外收费。

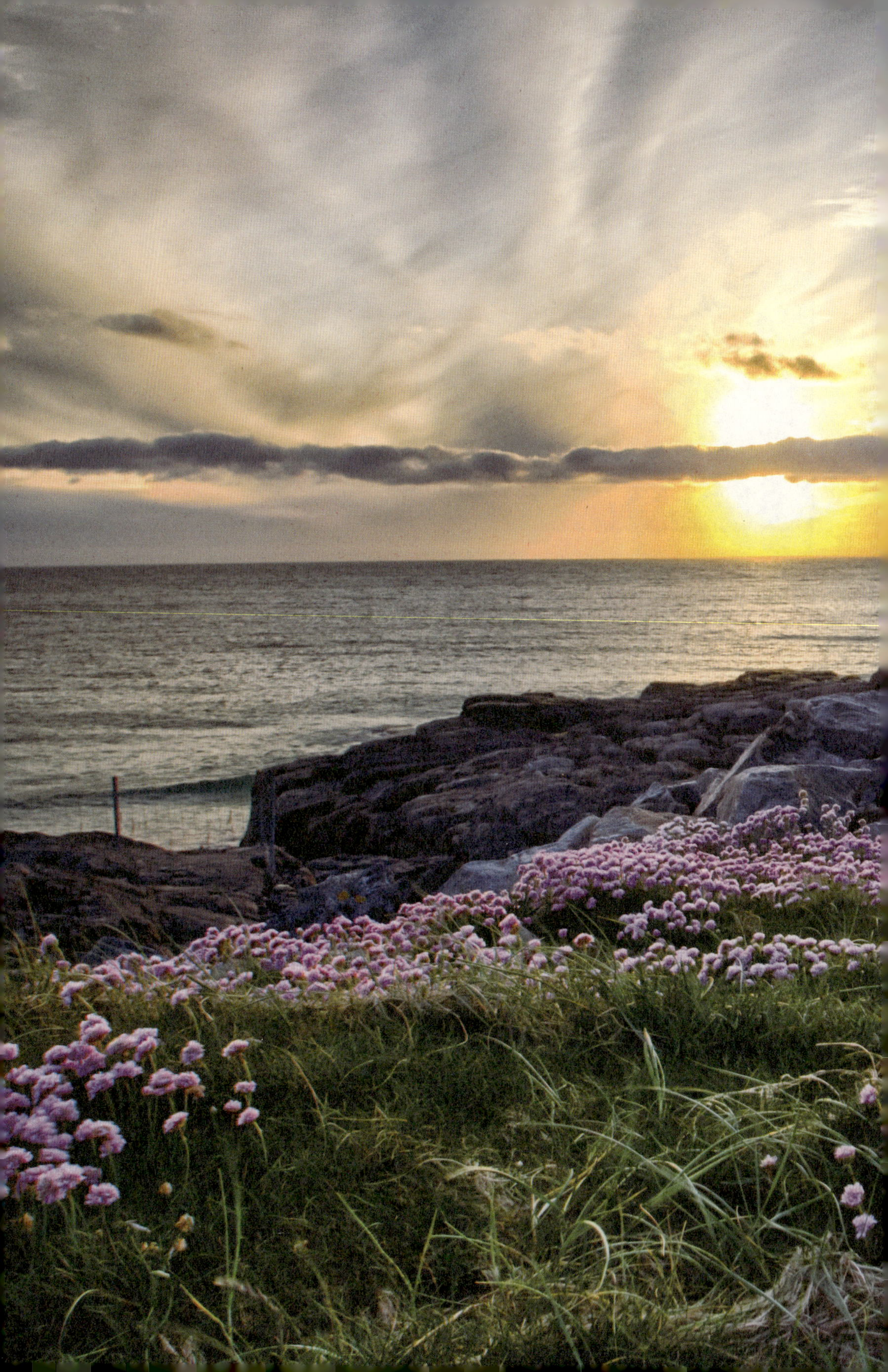

第二章

绝版地球神秘地带

那些与世隔绝或浪漫或神秘的地方，时时刻刻冲击着我们的想象力，那里究竟是一个什么样的世界？是否藏着不为人知的故事？是否真的存在野人？这其中的种种神秘诡异，等你来揭晓。

香格里拉

人间仙境

到香格里拉，这个最接近天堂的地方，来探寻我们心中的日月。

关键词：雪山、湖泊、净土
国别：中国
位置：云南省迪庆藏族自治州
最佳旅游时间：全年

"香格里拉，一片圣洁的土地，一个失落的天堂，一处人间的仙境。不要问香格里拉在哪里，香格里拉在每个人的心中……"英国《不列颠文学家辞典》曾对它有过这样的评价。

抛开其他，仅仅是译出"香格里拉"这个名词，便是一件了不起的功绩。无论是汉语的"世外桃源"、英语的"遥远而迷人的地方"、法语的"人间仙境"、西班牙语的"天堂"，还是藏语"心中的日月"，都远远不及"香格里拉"那么温婉雅静。香格里拉以其虚无缥缈的神奇魅力蜚声全球，最终成了人间乐土和世外桃源的代名词。

英国冒险小说《消失的地平线》后记中写道："世上许多神奇美妙的事物往往就被拥有它们的人们所忽略。"但是香格里拉却没有，它如此虚幻迷离地在人们的现实生活与精神世界之间的地平线上游荡了半个多世纪，至今仍散发着迷人的魅力。

香格里拉有绝美的自然景色，雪山、冰川、峡谷、森林、草甸、湖泊，这里纯净的空气能够过滤掉心灵的浮躁，同时带给人安然、恬静、悠远、知足的心境。这里有雪峰峡谷、庙宇深邃、森林环绕、牛羊成群，这一切都像童话一样充盈着梦幻、和谐和安宁，像

白塔是香格里拉最常见的标志之一

清幽、宁静、深邃、神秘的高山湖泊，呼唤人们去揭开它美丽的面纱

日月星辰一样未经尘染、澄澈高远。

　　澄碧的蓝天下是熠熠生辉的圣洁雪山，其中最著名的是梅里雪山，它的主峰卡格博峰是云南第一高峰，被誉为"雪山之神"，守护着这片美丽雪域。它像一座雄壮高耸的金字塔，时隐时现的云海为它披上一层神秘的面纱，绵延的冰川如玉龙匍匐，银光夺目。梅里雪山以巍峨壮丽、神秘莫测享誉世界，早在20世纪30年代美国学者就称赞卡格博峰是"世界最美之山"。

　　雪山的高山湖泊清澈明净，在各个雪峰之间的山涧凹地、林海星罗棋布，神秘莫测，路过的人几乎都敛声静气，不愿触怒神灵。

　　香格里拉，这个最接近天堂的地方承载了多少人的梦幻和向往？你不必刻意寻找它，它只是我们心中的一方净土和圣地，是一个没被世俗和金钱侵蚀的世外桃源，平常而淡泊，亘古而永恒……

> **温馨提示**
>
> ❶ 去香格里拉旅游建议带上羽绒服、手套、防滑靴。
>
> ❷ 迪庆属高海拔地区，不宜剧烈运动，不宜饮酒，多食蔬菜、水果，以防发生高原反应。
>
> ❸ 高原上紫外线很强，需要做好防晒措施。

第二章　绝版地球神秘地带

苏格兰高地
来自远古的苍郁

苏格兰高地就像一幅用顶级的颜料绘制的风景油画,漫步在苏格兰高地,你的一颦一笑、一举一动都会在这优美的画卷里定格成永恒。

关键词:大荒原、史诗、小镇
位置:大不列颠岛的西北部
最佳旅游时间:全年
国别:英国

石楠花竞相绽放,装点着空旷的高地

苏格兰高地在远古时期被水流和冰川分割成峡谷和湖泊,形成了呈不规则形状的山区。苏格兰高地是欧洲仅存的几块大荒原之一,这里人烟稀少、与世隔绝,保留着原始的苍郁和荒凉。

在梦幻般的湖泊旁边屹立着一座早已残破的古堡;翡翠般的山坡倒映在明镜一样的湖面上;草坡连绵起伏地伸展到山脚下或湖泊旁,延伸到和云相接的地方;身着苏格兰格子裙的本地人,站在湖水边面对无际的蓝天和山谷演奏悠扬的苏格兰小调;看着漫山遍野星

威廉堡，被喻为"苏格兰高地之门"

星点点的白色花儿令人身心畅快，恍如梦境。由于没有受到现代文明的入侵，许多人将这里视为欧洲风景最原始最优美的地区。

电影《勇敢的心》就是在这里拍摄的，它将苏格兰高地的壮观景象搬到了银幕上。影片里苏格兰高地的美如史诗般雄伟，海风就像永不停歇的歌谣，深蓝色的山脉覆盖着一层紫色的薄雾，天空的尽头镶嵌着粉红色的云朵……苏格兰高地的美，带着些许缥缈的不真实感。也许这里人烟太过稀少，以至于恍惚间会变成童话故事里精灵和仙子的居住地，视线内的所有风景都美得令人窒息。

那些古朴的苏格兰小镇别有一番异乡风情，踏在不知何年铺就的黑石板小径上，看着两侧古朴的建筑上挂满五彩缤纷的灯管，玻璃橱窗中的圣诞老人，捧着大礼盒对往来顾客欢笑送迎。忽然感觉这场景似曾相识，在哪里见过呢？想了好久才记起，原来是在儿时的童话故事里。这些小镇穿过千年的时光，静默地屹立在那里，深邃的文化积淀感染着每一个前来游览的客人。

苏格兰小镇的酒吧里面却又是一种截然不同的情调，穿着火辣的美女伴着音乐热舞，人们在台下举酒高呼。可这些人一旦到了街上，又一下子恢复了严肃与沉稳。也许这就是真正的苏格兰，严肃的外表下藏着一颗火热的心。

温馨提示

① 英国汽车靠左行驶，过马路时记住先看右边，不少人行横道红绿灯需行人按按钮才亮。

② 苏格兰不同地区口音可能有一定差别，但对于有一定英语基础的游客来说，交流不存在障碍。

神农架

幽境探秘

野人传说？地质公园？还有更多奇迹等着我们去发现……

关键词：峡谷、地质奇观、古老的传说

国别：中国
位置：湖北省西部
最佳旅游时间：5月至10月

　　"山脚盛夏山顶春，山麓艳秋山顶冰。赤橙黄绿看不够，春夏秋冬最难分。"这首诗生动形象地描写出了神农架地形、气候的多样迷人。由于湿热的东南季风和干冷的大陆高压循环交替，以及高山森林对热量、降水的调节，这里形成夏无酷热、冬无严寒的宜人气候，当南方城市夏季普遍高温难耐时，神农架却是一片清凉世界。

　　神农架包括神农顶国家自然保护区、燕天景区、香溪源旅游区和玉泉河旅游区四大

箭竹林间，怪石嶙峋，姿态迥异，引人入胜

景区，是中国内陆唯一保持完好的一片绿洲，拥有在世界中纬度地区唯一保持完好的亚热带森林生态系统，动植物区系成分古老且珍稀。冷杉、岩柏、梭罗、珙桐等遮天蔽日，金丝猴、白熊、苏门羚、大鲵、白鹤以及金雕等出没于草丛林间。

来神农架旅游，一定不能错过那些幽深、奇秀的峡谷：红坪峡谷、关门河峡谷、夹道河峡谷、野马河峡谷，个个雄伟壮观。峡谷中长满了珙桐、银杏、杉树、松柏等各种树木，即使在盛夏里走进这些山谷也会享受到带着不同树木香气的阵阵轻风。阳光穿过树叶，在头顶形成了一片柔光闪耀的帷幕，斑斑点点的光影投在地面上，落在嫩草丛中，掉进清澈的溪水中，伴着风，伴着流水不断地摇晃，仿佛一支柔和的催眠曲，让人想躺在这青青的草地上，静静地放松身心。

⊙ 陡峭的群峰，氤氲的薄雾，美妙如一幅惊世图画

阴峪河、沿渡河、香溪河、大九湖风光绮丽，那些潺潺的流水从桃李林中穿过。每到花开时节，满树的粉红映在流水中，美得如同陶渊明笔下的桃花源。落英飘散在河水中，惹得游鱼相互追逐，掬水轻嗅，香气沁人。既为这美欣喜，又为春暮而伤感，不觉发出"流水落花春去也"的感慨。

神农架多样的地质奇观，更是让人拍案叫绝。万燕栖息的燕子洞，时冷时热的冷热洞，盛夏冰封的冰洞，一天三潮的潮水洞，雷响出鱼的钱鱼洞，处处如仙境；泉飞瀑、云海佛光透着祥和的柔光。

这里还有古老的传说和古朴的民风，人与自然共同构成中国内地的高山原始生态文化圈。神农氏尝草采药的传说，"野人"之谜，汉民族神话史诗《黑暗传》，川鄂古盐道，土家婚俗、山乡情韵……都具有令人神往的魅力。

> **温馨提示**
>
> ❶ "吃的洋芋果，烤的疙瘩火，烧酒配着腊肉喝，除了神仙就是我。"到了神农架，一定要尝尝当地的腊肉、土豆和嫩豆腐。
> ❷ 神农架景区攀登山路崎岖，游人应当备好登山装备。
> ❸ 山上的猴子十分顽皮，小心背包被抢。

黄石国家公园
彩色的奇迹

> 水与火在这里相互交织、融合，创造出了一个个极其雄壮、瑰丽的奇迹。

关键词：水与火、喷泉、野生动物
国别：美国
位置：怀俄明州、蒙大拿州和爱达荷州的交界处
最佳旅游时间：5月至10月

这里被称为"地球表面最精彩、最壮美的景色"，它已经超出了人类艺术所能达到的最高水平，任何语言在这种美景面前都会显得苍白无力。也许最能描述黄石国家公园美景的便是游人见到它时，那一声声的惊叹。

水与火在这里相互交织、融合，创造出了一个个极其雄壮、瑰丽的奇迹。公园内仅温泉就有3000多处，其中间歇泉300处，许多泉水喷水高度超过31米。这些喷泉虽然距离很近，但各具特色：狮群喷泉由4个独立的泉眼组成，每当要喷出水柱时，地下就会传来狮吼般的响声，响声未止，4道巨大的水柱便向空中激射而出；老忠实喷泉因其规律性而闻名，它每隔几十分钟便喷发一次，每次喷发四五分钟，巨大的水柱高达40多米，100年间从未间断；蓝宝石喷泉，澄净的泉水喷向高空，在天空的映衬下显得格外澄蓝，如同阳光下熠熠发光的蓝宝石；大棱镜喷泉是美国最大的喷泉，宽70多米，泉边池水深50余米，更奇特的是泉水会随着季节而变换颜色，春季是灿烂的橙红色，夏秋两季呈现出迷人的红色或黄色，冬季则变为深绿色。

沿着园内的道路、小径，游人可以尽情地欣赏各种温泉奇观；黄石湖、肖肖尼湖、斯内克河和黄石河分布其间；雪峰、峡谷不时映入眼帘……到此的游客无不为眼前所见的奇观所震撼。

黄石河被称为美国"唯一没有水坝的河流"，河道忽宽忽窄，河水忽疾忽缓，急流撞上岩石，迸溅水花无数，跌入崖下清潭之中，犹如"大珠小珠落玉盘"。忽而河水又泻下高崖，形成两道壮丽的瀑布，轰鸣着奔入大峡谷。这两条瀑布高过百米，宛如玉带垂天，银河坠地。黄石河像一把利刃，将连绵的山峰切开，形成了壮丽的黄石峡谷。河水在大峡谷中奔流咆哮，草木葱茏，鸟立于崖间，兽攀于岩上，晨昏水雾迷蒙，中夜流水映月。崖壁的石头都是五颜六色的火山岩，从上到下闪着耀眼的光芒，这是整个公园中最美丽的地方。

黄石国家公园，被美国人称为"地球上独一无二的神奇乐园"

　　公园总面积的85%覆盖着森林。茂密的扭叶松郁郁葱葱，生长得十分紧密，不蔓不枝，就像甘蔗林一样。龙胆松则千姿百态，造型各异。美洲云杉和高山银杉则树冠繁茂，状如银塔……

　　这里还是美国最大的野生动物庇护所和著名的野生动物园，生活着300多种野生动物。灰熊、美洲狮、灰狼、金鹰、麋鹿、白尾鹿、美洲大角鹿、野牛、羚羊等2000多种动物在这里繁衍生息。熊是黄石国家公园的象征，公园内约有200多头黑熊、100多头灰熊，在路边常常可以看到一只大熊带着一两只小熊，拦住游人的汽车伸爪乞食，那种滑稽的样子，煞是惹人怜爱。

> **温馨提示**
>
> ❶ 黄石国家公园内的温泉，温度、泉水构成、泉中生物各不相同，不可贸然接触泉水，以免被烫伤、划伤以及感染。
>
> ❷ 按照园区要求，需与园中野生动物保持安全距离，有些地点不可拍照，应遵守要求。
>
> ❸ 公园中有很多枯树，行走在林间小路上时应注意安全，尤其是在有风的时候，防止被吹断的枯枝砸伤。

第二章　绝版地球神秘地带

听命湖

与神密语的地方

听命湖,是上苍的眼泪,还是娴静美丽的女神,抑或是跌落在土地上的天空?

关键词:寂静、神圣之地、纯净
国别:中国
位置:云南省怒江州泸水市片马镇东北部
最佳旅游时间:全年

云海茫茫,独木安详

在高黎贡山的原始森林之中隐藏着一个神秘的湖泊,即使狂风呼啸,水面依然波澜不惊。每当有人在此高声喧哗,湖面上空就会乌云密布,顷刻间下起雨来。说话声音越大,雨下得越大;说话时间越长,落雨时间就持续得越长。这片湖如同一位神灵,潜心隐居,不愿被打扰。

静,是这里的标志。四季轮转、景色更迭、鸟兽出没,它就在这寂静中沉睡,在这寂静中美丽。

听命湖海拔较高,是由冰川雪水融化而成的冰蚀湖,水温较低,湖内生物稀少,水质优良,是一个神话般的存在。每当大旱之年,人们准备好祭品和雨具,来此祈求甘霖,在湖边载歌载舞,瞬息之间,风雨随之而来,因此听命湖被视为神圣之地。

听命湖躲藏在山林深处,想要一睹它的容颜需要跋山涉水。穿过密林茂竹,蹚过溪水,越过山崖,一路披荆斩棘,才能到达它的面前。当你还在为跋涉的艰辛而疲惫不堪时,不经意地一抬头,它已攫取了你的魂魄。它是如此美丽安详,就像是一颗绿宝石镶嵌在大地上,纯净至极。它又如一块碧玉翡翠般夺目,这种纯净的绿使得你清爽无比,所有的疲劳在看到它的那一刻一扫而光。

听命湖极致的静谧让人不忍心打扰。站在湖边,生怕惊醒了沉睡的神灵。旁边高大的

听命湖因人们能呼风唤雨的传说而一直笼罩着神秘色彩

树木被阳光笼罩的时候，一片金黄，鸟儿自由地飞过，一切美好而又自然。湖中的水草翠绿新鲜，岸边石头上生长的红色、黄色的苔藓，色彩斑斓，好像是画家无意中打翻了调色盘，鲜艳异常。

如果说高山的湖泊是上苍的眼泪，那么听命湖就是上苍最晶莹的泪滴；如果说世间有神灵的存在，那么听命湖里居住的一定是最美丽安详的一个。他躲藏得远远的，以瞑睡的姿态保持着清醒，在这远离人烟的地方，空气干净，环境优雅，没有嘈杂和叨扰。但如果惊动了他的沉思，就会引发他的怒吼，雷声雨水将打破湖面的平静，天地为之变色；而当噪声消失，他就又复归平静，仿佛一切都没有发生过。

在听命湖面前，谁都能成为呼风唤雨的英雄，然而静谧也是一种美。春天，雪水融化汇入湖中，湖水幽深，在杜鹃花丛的装点下显得十分高雅迷人；夏天，四周茫茫的林海葱绿汹涌；秋天，碧绿的湖水倒映着金黄的树林，秋意浓浓；冬天，白雪覆盖大地，寂静洁白。山驴、羚羊常年生活在此，使原本神秘莫测的听命湖更加富有灵性。

在安静的听命湖面前，你会丧失开口的勇气，它单薄清澈，让人不忍伤害。在这里无须任何语言，它纯净得让人不忍心打破这里丝毫的宁静。热爱旅行的人一定要来听命湖感受一下这难得的原生态。

温馨提示

❶ 听命湖属于高原湖泊，如有必要可携带氧气瓶，或者提前服用红景天胶囊或口服液，预防出现高原反应。

❷ 白天要注意防晒，夜晚如果露宿的话，要注意保暖；另外要点燃篝火，谨防野兽出没，注意安全。

❸ 这里适宜徒步旅行，徒步消耗大量的体力与水分，要携带足够的水与食物。

第二章 绝版地球神秘地带

乌尤尼盐原沙漠

天空之镜

> 雨后的乌尤尼盐沼，湖面像镜子一样，与晴朗的天空交相辉映，浑然一体，美得让人窒息。

关键词：盐沙漠、天空之境
国别：玻利维亚
位置：玻利维亚的西南部
最佳旅游时间：12月至次年1月

在有"古文明坟场"之称的乌尤尼盐原沙漠里行走，能够让你同时体验荒芜和繁荣两重魅力。它酷热、孤寂、无边无际、危机四伏，对人类来说充满未知。正是这份荒芜让它散发出迷人的光芒，让人渴望走近它，在惊心动魄的探险中磨砺自己的勇气。一旦置身其间，就会被人类的创造力所折服：无数伟大的文明古城曾经在这里繁荣昌盛，虽然如今已

乌尤尼盐原沙漠中的湖泊被冰雪一样的盐覆盖

被茫茫沙海湮没，但历史却将那些痕迹记录下来，引得无数探险者前来探秘。他们或是自然文化研究者，或是诗人和艺术家，就连近几年兴起的户外爱好者，都纷至沓来，只为一探乌尤尼盐原沙漠的秘密。在漫无边际的沙漠里，这些身份和职业各不相同的人们，都如沙砾一般微不足道。

乌尤尼盐原位于玻利维亚西南部的乌尤尼小镇附近，呈月牙状，是玻利维亚最大的盐沼。它海拔3660米，长150千米，宽130千米，面积9065平方千米。盐原作为玻利维亚的标志性景观以其独特的魅力吸引着世界各地的游人纷纷前来。沙漠沿岸建有盐场，主要盐场间有公路相通。位处高原之中，沙漠广阔且近乎平坦，与天空浑然一体。

沙漠中有几个湖，由于各种矿物质的作用，湖水呈现出奇怪的颜色。4万年以前，这片地区曾是明清湖的一部分。之后，湖水干涸，剩下普波湖与乌鲁乌鲁湖两大咸水湖，以及两大盐沙漠，即乌尤尼盐原与科伊帕萨盐原，其中乌尤尼盐原的面积大于科伊帕萨盐原的面积。从面积上来看，乌尤尼盐原是美国博纳维尔盐滩的25倍。这里雨量稀少，气候干燥，仅在12月至次年1月雨期积水时，经由利佩斯河泄水。

乌尤尼盐沼又称为天空之镜，是乌尤尼盐原沙漠的美景之一，站在盐沼之中，眼前亮晶晶闪动的不是冰，而是盐。每年7月至10月为乌尤尼盐沼的旱季，盐沼地表十分干燥。即使到了雨季，乌尤尼盐沼仍有部分区域干涸。每年冬季，乌尤尼盐沼被雨水注满，形成一个浅湖；而每年夏季，湖水干涸，留下一层以盐为主的矿物硬壳，湖中部达6米厚，人们可以驾车穿越湖面。在一望无际的白色世界里，你可以感受到世外桃源般的纯净与美丽。当你漫步于盐沼的天地，浸没在纯白的世界里，会彻底被这令人窒息的美景所折服。

乌尤尼盐沼虽然海拔高，但是一望无际的白色世界仍然吸引了全球各地许多游客前来造访。

○ 盐湖边的植物也显得与众不同

> **温馨提示**
>
> ❶ 入住用盐砖建造的酒店，是一次神奇的体验。
>
> ❷ 玻利维亚海拔很高，注意高原反应。
>
> ❸ 最好在雨季（12月至次年1月）去盐沼，因为形成传说中的天空之镜需要大片平静的水面。

长江第一湾

惊心动魄的美

毅然转身，划出一道优雅而深邃的弧线，这条弧线承载的，不仅是如山般的性格，还有浓墨重彩的历史，共同诉说着岁月的安详与沧桑。

关键词："V"字形大湾
国别：中国
位置：云南省丽江市石鼓镇
最佳旅游时间：夏、秋两季

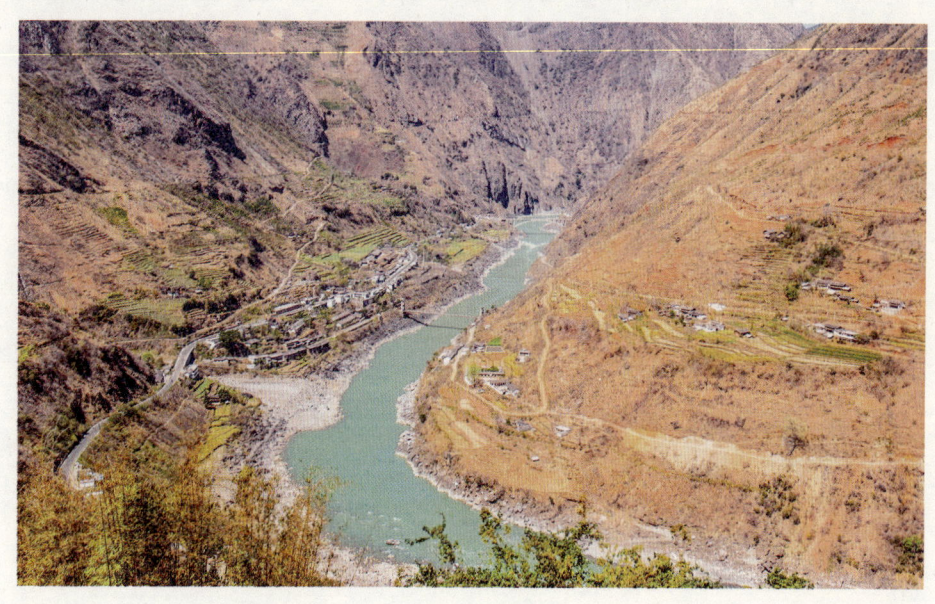

水势宽衍，江水清幽，景色奇美

　　万里长江从世界屋脊青藏高原奔流而下，金沙江、澜沧江、怒江在横断山脉的高山峡谷形成"三江并流"的奇观。金沙江本要向南流出国界，可是江水有情，它毅然掉头向东，汹涌澎湃地穿山绕林，形成了罕见的"V"字形大湾。"江流到此成逆转，奔入中原壮大观"，那个转身的地方，成就了天下奇观——长江第一湾。

江流到此成逆转，奔入中原壮大观

　　金沙江向来多情。相传，澜沧江、金沙江、怒江三姐妹结伴游玩，半途发生争执，澜沧江、怒江固执地向南前行，金沙江姑娘立志要到太阳升起的地方寻找光明与爱情，于是告别两个姐姐，毅然向东而去。在这一转之间，显露出无尽的柔情。

　　这一带，江水清幽、水势平缓，岸边杨柳依依，微风吹过，它们随风起舞，舒适且懒散地摇摆着身姿。春天，岸边、山间、谷旁，金黄色的油菜花铺满大地，映入眼帘，连江水都变得耀眼，闻着花香，人仿佛置身于流光溢彩的宫殿之中；夏天，捧一杯冷饮，仰卧在铺满阳光的摇床之上，或闭目静思，或聆听渔歌悠扬，岂不美哉；秋天，把双脚浸入水中，仔细感受江水带来的清凉，沉醉于秋风吹拂面孔的清爽，别有一番滋味；冬天，不老的青山为雪白了头，无忧无虑的江水因风荡起了涟漪，碧绿的江水伴着苍茫的冬景，一丝伤感袭上心头，真愿人生从此过，不羡红尘世俗人。

有谁能想到，如此静谧优雅的景色，也曾遭受战火的洗礼。转弯处的沙松碧对岸，有一座历史名镇——石鼓镇，因镇上有一个用汉白玉雕刻的鼓状石碑而得名。据民间传说，"世事动乱，鼓自裂开；天下太平，鼓又自己闭合"。又相传诸葛亮平定南中，在此"五月渡泸"；木天王在此埋有宝藏，引得众人追寻，这些无从考证的传说为石鼓镇蒙上了一层神秘的面纱。

石鼓镇背依青山、面朝江水，进可攻，退可守，向来是兵家必争之地，长江第一湾也因此见证了历史朝代变迁以及民族团结。这里还是红军北上抗日过滇西、渡金沙江的渡口，石鼓碑后面的"红军长征渡口纪念碑"就是红军和各族人民深厚友谊的见证。它俯瞰长江第一湾，庄严雄伟，和第一湾相得益彰，也尽显红军的英勇风采。

石鼓镇依山而建，路边墨绿色的护堤林和碧绿的稻田为它镶上了两道边。镇中石阶蜿蜒而上，道路均由青石板铺就，古朴庄严，置身其中犹如走进了江南小镇，安静而祥和，家家户户喜植兰花，更增添了它的文艺气息。走进石鼓镇仿佛踏入了历史文化的长廊，岁月堆积的厚重和沧桑、自然风景的静谧和安详，使得它民风淳朴而又肃穆威严。

长江第一湾也因此变得更加美丽和深刻，它正不断地展开怀抱，把美丽传递给每一个人。

○ 江水在横断山脉的高山深谷中穿行

温馨提示

❶ 石鼓镇后面的高山是欣赏长江第一湾美景的最佳地点，爱好摄影的朋友不能错过。

❷ 建议穿运动鞋，石阶较多，多靠步行。

025

塔尔沙漠

另一种印度风情

驼铃响起，远行的人归心似箭，他们牵着心爱的骆驼，经过沙丘，只留下两行脚印。

关键词：最小的沙漠、异族情调
国别：印度、巴基斯坦
位置：印度西北部和巴基斯坦东南部
最佳旅游时间：10月至次年3月

塔尔沙漠又称印度大沙漠，是世界上最小的沙漠，位于印度西北部和巴基斯坦东南部。西以印度河、萨特卢杰河为界，东以印度马尔瓦高原东侧为缘。虽然夏季季风的湿润气流从它的东边不远处经过，但是却没有一滴雨水降落到这个沙漠。

塔尔沙漠海拔100~200米，主要为沙质荒漠，由沙丘、沙质平原以及陡立的荒芜丘陵构成，地势起伏不平。沙丘在不断移动，形状和大小也不断变化。较老的沙丘则已固

阳光透过云层照射到塔尔沙漠上，虽为最小的沙漠，但仍然显得壮阔

定或半固定，有些高达150米。大部分地区无植物生长，少数耐干旱、耐热的植物可以生存，因此居民多过着游牧生活。有季节性盐湖及干涸的河床，只有深层水可供利用，饮水与生活用水多是靠水池储存的雨水。沙漠里的居民多从事农牧业，有水源灌溉的地方出产小麦、棉花、甘蔗、粟、芝麻、豆类和辣椒。

沙漠的起源存在颇多争议。一说是印度河的过度开发致使植被被破坏，水土流失造成沙漠化。还有一说是由于山脉的阻挡，夏季西南季风所带的水汽无法到达塔尔沙漠，土地逐渐沙化。从气候的角度考虑，夏季高压的控制使之无法降雨而形成沙漠也不无道理。

和印象中的沙漠相比这处沙漠显得极其特殊。塔尔沙漠上空的空气浑浊不堪，尘埃常常遮住了阳光，整个天空灰蒙蒙一片，夜间也很难见到星空。然而，就是这样一处沙漠景观，却也拥有着十足的魅力。

塔尔沙漠的土质沙化不明显，看上去是极为普通的土质。因为缺乏水资源，土地常年处于干旱状态，所以极为干硬，几乎没有植被，因此自然风光并不旖旎。沿着公路往前行驶，路两边偶有稀稀疏疏的植被，给人一种苍凉的感觉。由于塔尔沙漠地势平缓，顺着延伸的公路往远处望去，少了山脉的遮挡，视野极为开阔。很轻易便能看到雄伟的宫殿屹立在高地上，其间穿梭着身穿民族服饰的本地妇女，她们身上那色彩斑斓的纱丽与周围的山野湖泊相映成趣，给沙漠增添了浓郁的异族情调。当车子驶近荒漠的末端，一座城堡很突兀地出现在眼前，远远望去，城堡散发着浓郁的历史的韵味，在苍茫的沙漠中，仿佛是灯神创造的奇迹。这座矗立在沙砾上的城堡便是奇沙默尔古城。

在这广袤的大漠中，不只有奇沙默尔古城，还有许多城堡和庙宇、宫殿和王陵。这些建筑是历史上的小公国留下来的遗迹。历史的车轮碾压过大漠，小公国都被湮没在历史的缝隙里，留下这些建筑像珠宝一样在大漠里璀璨生辉。建筑上的镂空和弧形建筑技巧，处处洋溢着浓郁绵长的中世纪情调，给印度西部蒙上一层缤纷而又神秘的色彩。

两只高大的骆驼站在夕阳下，显示出一种静谧的美；少年在大漠中驱赶着羊群，把它们赶入家中，夕阳的余晖映射出修长的影子，谁能说这不是一番耐人寻味的美景呢？

温馨提示

❶ 线路组合可以德里、亚格拉、斋普尔构成的"金三角之旅"为基础，延伸到西部若干个城市，准备10天左右的时间即可。

❷ 斋普尔向西，可以乘坐印度火车，体验"西行漫记"的味道。

❸ 在斋普尔，即使不想购物也要去参观一下那里的市集，因其位于印度丝绸之路的中枢，至今仍是印度重要的贸易中心和商品集散地。

老君山风景区
神仙福地

——炼丹的老君早已不在，只余下悠悠的回想，它的高度不在外表，而在内涵。

关键词：太上老君、丹霞地貌
国别：中国
位置：云南省丽江市玉龙纳西族自治县
最佳旅游时间：5月、6月

老君山位于丽江西部，主峰海拔约4200米，传说太上老君曾在此炼丹，因而得名。这里人迹罕至，保留了最原始的风貌，金沙江在它的左面滔滔奔流，澜沧江在其右侧滚滚而下，两条大江阻断了人们探幽的脚步。老君山挺拔巍峨，磅礴大气。

"丹霞夹明月，华星出云间"，丹霞地貌的美摄人心魄。这里分布着由红色砂岩形成

◎ 丹霞地貌美得摄人心魄，红得耀眼夺目

的200多平方千米的丹霞地貌，岩石、山峰、峭壁均呈现出鲜艳的红色，惊心动魄。阳光照耀下，红得愈加光彩夺目；乌云密布时，红色的山体又显得凝重庄严。红色的山石映红了大片的天空，似乎誓与天空争辉。绝无仅有的是千龟山，整个山头由许多形似乌龟的山石组成，鲜红、暗红的龟壳密密麻麻、整齐排列，都朝着同一个方向爬行，令人震撼。

绿色是这里不可缺少的颜色，这里是动植物的乐园。山上植被茂密、原始森林保持完好，自然生态环境优良，滇金丝猴在山林间攀缘跳跃，每一位探险者来到这里都会被它的原始淳朴所震撼。漫步在神秘清幽的原始森林里，步步惬意。高山草甸像绿色的毡子平铺开来，马儿、羊儿悠闲地吃着草，悠然自得。密林繁花交织，奇峰险壑交错，碧湖清泉互相映衬，奇绝动人。

相传太上老君在这里炼丹遗留下来的九十九个炼丹炉，幻化成了清澈如镜、风景秀美的"九十九龙潭"。近百个大大小小的潭相连通，颇具规模。潭水碧绿幽深，如同镶嵌在群山之间的宝石，倒映着苍翠的高山。阳光明媚、鲜花烂漫之时，花木倒映其中，湖水呈现出多变的色彩，如七彩云霞般绚烂，美不胜收。有如此美景，我们只能赞叹大自然的造化之功，行走其间，尽情享受自然的馈赠。

这片具有灵性的土地吸引来了一种特殊的生灵滇金丝猴，被称为雪域精灵。它们生活在雪山峻岭的高寒森林之中，拥有一张极像人类的面孔，面庞白里透红，唇色鲜红，十分美丽。同时它们还颇具灵性，以嫩叶、花苞为食，即使再饿，也绝不破坏农作物。

昔人已乘黄鹤去，太上老君的身影已无处可寻，但老君山还在、炼丹炉依旧，连同那些烧红的石头，也共同见证着它的沧桑与历史。原始森林一如既往地与老君山携手前行，体会着它原始的荒芜与寂静，聆听着遥远的鸟鸣，带着古老的思绪，平静地迎着朝阳、辞别皓月，淡泊而安宁。

老君山既是神仙福地也是花花世界，原始深邃的人文意蕴与动人心魄的美丽景象，和谐共生，和顺静美。

○ 杜鹃花遍布林间，绚丽灿烂，犹如云霞

温馨提示

① 在游览老君山的时候，要做好预防高原反应的工作，建议带上相关药品。

② 建议穿运动鞋，徒步是最好的旅游方式。

027

大堡礁

珊瑚虫的杰作

这是地球上最美丽的珊瑚海，是一道壮丽的珊瑚长城，是蔚蓝深处的珊瑚传奇。

关键词：珊瑚长城	位置：昆士兰州东岸
国别：澳大利亚	最佳旅游季节：5月至10月

⊙ 潜水观赏五颜六色的珊瑚群是游客最大的乐趣

　　一片蔚蓝的海域，承载着即将消逝的奇迹。这里是热情洋溢的南半球，这里的海水温润如春，这里的珊瑚娇美如玉，这里的风景引人入胜……这里就是大堡礁。

　　这个世界最长最大的珊瑚礁群，纵贯蜿蜒于澳大利亚的东海岸，全长约2000千米，最宽处240千米，乘坐直升机可以清晰地观赏这道壮丽的珊瑚长城。纯净的海水仿佛在地球表面荡漾了千年，如同一块巨大的蓝宝石，安静地垫伏于五彩斑斓的珊瑚礁周围。湛蓝的天空万里无云，海风在大堡礁内穿越。这里的色彩纯度如此之高，摄人眼球，让人生怕

○ 蔚蓝的天空，清澈的海水，来往的船只，组成了一幅美丽的风景画

错失任何美好的点滴。

　　大堡礁其实是由无数绚丽多彩的珊瑚礁岛组成的，经过时光雕琢，才形成今日的奇观。这些礁岛有的露出海面几米甚至几百米，再辅以绿意盎然的丛林、缤纷明媚的纯白沙滩，一切都洋溢着明艳妖媚的热带风情；有的则半隐半现在海中，各色形态奇异的鱼在珊瑚丛中翩翩起舞，"浪漫"成了此时此刻、此情此景唯一的关键词。

　　珊瑚虫是大堡礁真正的创造者，这些几亿年前的古生物对生存环境挑剔至极，它们能够分泌出碳酸钙骨骼，一旦选择好了安家地就会世代繁衍，不离不弃。老珊瑚虫的遗骸造就了新珊瑚虫的诞生，而新一代则在其基础上，向高处和两旁继续发育，日积月累，如此循环，便逐渐堆积成如今形态繁复、体积庞大的珊瑚礁体。远远望去，礁顶在海水中若隐若现，如无数艳丽的花朵在碧蓝的海中绽放，姹紫嫣红，光芒四射，令人惊艳。

　　来到大堡礁，一定不要错过乘坐透明玻璃游船进行海中观景。在这里，珊瑚取代了森林，鱼类和软体动物取代了鸟兽，珊瑚礁如同一棵棵倒长的大树，从深不可测的幽暗之处盘旋而出，各色珊瑚如同用玉雕琢的枝叶，在"大树"的两旁妖娆地伸展着。各种各样的热带鱼从你身边优雅地游过，斑斓的色彩如飘忽闪烁的焰火，令人目不暇接。在这绚烂丰富的海底世界漫游，大概除了惊艳，就只能惊叹了。

　　这是完全不同于陆地上的另一个世界，这是海底的天堂，上天的宠儿。那么，还等什么？快来水下的美丽世界遨游吧。

温馨提示

① 澳洲蜜饯原汁火腿由厨师长精心选用上等火腿肉，配上特制蜜饯酱料制成，不容错过。
② 如果10月至次年3月来大堡礁，大量的水母会出现在大堡礁水域之中，游玩时一定注意安全。
③ 现场烹饪的生蚝味道鲜美，值得品尝。

028

泸沽湖
东方"女儿国"

"清透湛蓝，湖与天拥抱私语，云、雾、波、船，织成画卷，交融缠绵，掬一捧圣洁的湖水滋润心田，品一滴清甜的水珠，吟一篇感恩的诗篇。"

关键词：静谧、神奇
国别：中国
位置：云南省丽江市宁蒗彝族自治县与四川省盐源县交界处
最佳旅游时间：3月至10月

湖水清透，天空湛蓝，云雾和山水拥抱交融，泸沽湖和天空私语缠绵。划上独木舟去往湖中，荡漾的水波让人迷醉其间，掬一捧湖水饮下，清甜的滋味润在心田。

泸沽湖一直以来被称为"女儿国"。但这绝不是《西游记》里那个处处都充斥着女性气息的女儿国，那个连河水都阴柔到极致的国度是与泸沽湖不沾边的。泸沽湖名为女儿国，是因为它是世界上现存的唯一一个人类母系族部落。这里没有女儿国国王和臣民，却有古朴的民风和妩媚的摩梭女儿。

泸沽湖又被称为母亲湖，关于这个称呼，源于一个动人的传说。很久很久以前，泸沽湖边的村落里，有一个可怜的孤儿，以放牧为生，总是吃不饱饭。山神见他可怜，便想要帮帮他。有一天夜里，孤儿做了一个梦。梦里，一条大鱼和他说话，大鱼告诉他："以后你就到湖边的山洞里来吃我的肉，但要记住千万不要把我捞出水面。"第二天，孤儿想起这个梦，便找到山洞，竟然真看到在洞中的水里有条鱼。孤儿切了一块鱼肉放进嘴里，鱼肉鲜美无比。更为神奇的是鱼儿没有流血，也没有死掉。于是孤儿便每天都到山洞来割鱼肉吃。

但不久，这个秘密就被村里的贪财者知道了。他们尾随孤儿来到山洞，偷偷把大鱼捞出水面。瞬间，湖水暴涨，将村庄淹没。村里的人都被淹死了，只有一个女人情急之下把孩子放进猪槽里，这孩子才得以保命。后来，孩子长大成人，带着老婆孩子回到湖边，并在这里生活繁衍，成为如今的摩梭人。而泸沽湖便被他们命名为母亲湖，还用整段的木头做成猪槽状的独木舟，以此纪念母亲。

泸沽湖的白天和夜晚是不一样的。白天的泸沽湖在阳光的照耀下庄重优雅；夜晚的泸沽湖在月亮的映衬下纯净通透。但无论是白天还是晚上，泸沽湖都是静谧的。安静，是泸沽湖的灵魂。它像是一个睡美人安静地躺在天地之间，任群山将它环抱。倘若湖面上荡起丝丝涟漪，那就是山风捎来群山的私房话，在它耳边低语呢。

泸沽湖，如一个安静的睡美人躺在群山之中，美得不似在人间

　　在环绕泸沽湖的群山中，最雄伟的要数格姆女神山。它像是一个保护神屹立在泸沽湖的北岸。山上被四季常青的植被覆盖，苍翠的颜色与泸沽湖水交相辉映。走进神峰下面的女神洞，便能看到神奇的喀斯特地貌，形态各异的钟乳石，五彩缤纷却又幽暗的灯光点缀其间，让人仿佛置身于一个神奇的世界。

　　泸沽湖里有三颗明珠，分别是里格岛、里务比岛和谢瓦俄岛。岛上林木郁郁葱葱，小路蜿蜒曲折，路尽头是独特的摩梭建筑，身穿民族服饰的摩梭姑娘和小伙儿在岛上穿梭，置身其间，让人心旷神怡。

　　泸沽湖的自然风景美丽，民俗风情更是迷人。摩梭儿女的爱情由于保留了母系氏族的走婚传统而充满神秘的色彩。她们每一家都是以母亲为首，以女性为主，男性只能抚养姐妹的孩子，而自己的孩子则由孩子的舅舅抚养。摩梭女儿对爱情从不遮遮掩掩，她们勇敢地追寻爱情，大方地表白心声，用自己的独特方式为爱情写下注解：敢爱，深爱，但若爱失去，便绝不纠缠。

　　人生的一大快事，便是到泸沽湖，体验猪槽船的奇特，欣赏泸沽湖的纯净；在美妙绝伦的湖光山色里，欣赏摩梭女子的风姿！

温馨提示

① 泸沽湖位于高原，阳光照射时间长，紫外线强烈，记得带好防晒用品。
② 切记尊重民族习俗，不要过多询问摩梭人的走婚习俗。想要仔细了解的话，可以请教里格的扎西。
③ 泸沽湖早晚温差大，注意保暖防寒。

029

刚果河
非洲"水廊"

你见过草原入侵森林，但是你见过森林入侵草原吗？在刚果河，你就可以见到。

关键词：原始、淳朴	位置：非洲中西部
国别：刚果、赞比亚等国	最佳旅游时间：10月至次年2月

提起非洲，人们总会想到沙漠，想到炎热、干旱、寸草不生；还会想起大草原，想起大象、狮子、猎豹、猩猩；想到那里的原住民，想到他们神秘的风俗习惯，还有他们曾经遭遇的磨难。谁又会想到那里有一处"水廊"呢？它就是刚果河。

刚果河，位于中西非，本地人称之为扎伊尔，即大河的意思。由于刚果河流经赤道两侧，获得了南北半球丰富的降水补给，具有水量大及年内变化大的特征。刚果河的流量仅次于亚马孙河，为世界第二大河，也是世界上唯一干流两次穿越赤道的河流。

○ 刚果河，看似静谧，却处处暗藏杀机

你有没有这样的一种经历？乘坐火车，沿着河流前进。一路上，看它在晨光暮霭里变换色彩，一路沐浴阳光，一路洗涤星光。不管是波涛汹涌还是和缓平静，它都一直相伴，不离不弃。

绵延逶迤的刚果河自东北向西南奔流而去。河岸两旁是郁郁葱葱的原始森林，遮天蔽日。苍茫的森林覆盖了大地，从空中俯瞰，就像一片绿色的海洋。在森林边缘是断断续续的多草带状地。稗和纸莎草等草场占据着废弃的河道、河岸以及岛屿中心的凹地；它们或

当刚果河穿过茂密的刚果森林时，它的边缘都是断断续续的多草带状地

者从砂岩中钻出，或者生长在被洪水冲肥了的河的下游末端。

对于喜欢吃肉的朋友们来说，在这里就如在天堂，烧烤是当地最常用的烹饪方式。这里丰富的水产，为当地人提供了大量的食物。

在小城市里行走，你会觉得生活在这里的人们过得很幸福，虽然这些小城市甚至和中国的村庄一样。这里的人们对中国人很热情，他们会用半生不熟的汉语"你好"打招呼。他们几乎过着一种半原始的生活，相当淳朴、单纯。

拿出一些巧克力和糖果，给这里的孩子们吃。看他们吃得津津有味的样子，内心会感到很满足。赠人玫瑰，手有余香。也许，分享才是最幸福的。

刚果河的神秘之处，不仅仅是上游森林里身材矮小的少数民族，下游与海妖有关的神秘传说，也有它自身的魅力。

温馨提示

❶ 刚果有很多禁忌，即使是夫妻也不能在公共场合亲吻。

❷ 刚果的手势含义和国际上的不太一样，在这里最好不要随意使用手势。

❸ 当地蚊虫较多，注意防蚊虫和疟疾。

030

恒河
天堂的入口

传说国王为了洗刷自己祖先的罪孽，请求仙女下凡，于是就有了恒河。

关键词：摇篮、圣河　　位置：印度北部
国别：印度　　最佳旅游时间：10月至次年3月

"今天早晨，我坐在窗前，世界如同一个路人，停留了一会，向我点点头走了。"也许，我们无法做到像印度大文豪泰戈尔那样，把世界当作一个路人。因为大多数时候我们就是一个路人，奔波在旅途中，在陌生的地方做客，点点头，然后离开。

恒河不算长，然而它却孕育了四大文明古国之一的古印度，是古印度文明的摇篮。它

◎ 姹紫嫣红的楼阁，成为恒河流域的独特风景线

用丰沛的河水养育了印度人民，成为印度人眼中的"圣河"，被誉为"印度的母亲"。

对于恒河来说，前来朝圣的人是它的子女还是路人呢？没有答案。在河畔，有各色各样的人，他们做着不同的事情。从早晨的沐浴，到夜晚的降临，甚至在黎明来临之前，他们也会划着船，在恒河中等待日出。

对于恒河来说，我们只是一个过客，来了，看了，听了，走了。而恒河对于旅行者来说，不也只是一个过客吗？世界很大，人生很短，我们都是别人生命中的过客，别人也都是我们生命中的旅人。

宽阔整洁的街道，两旁绿树成荫。在街道上行走的印度女子，一袭纱丽，遮掩了雪白的肌肤，缠绕出曼妙的身材。一些松鼠毫不畏惧，在树枝间跳来跳去，似乎这里它们是主人，我们是过客，因而找不到害怕的理由。

静静地坐着，不要扬起尘土，让世界向你走来。这和我们信奉的"千里之行，始于足下"似乎矛盾。但是，如果能像泰戈尔一样把世界作为过客，那么世界自然而然地会向你走来。

乘一只船，在恒河里游走，一动不动地坐在甲板上看河岸的人群，他们不正如世界一样向我们走来吗？早晨已经过去，人们却没有完全散尽，依然有人在洗浴，这大约算不得晨浴了。夜晚降临，恒河岸边依然热闹不止……

恒河是印度的灵魂，是神圣的象征，是天堂的入口。身为印度教徒，一生至少到恒河净身一次，他们认为圣水可以净化心灵，洗脱罪孽。

众多的神话故事和宗教传说构成了恒河两岸独特的风土人情。在印度神话中，恒河原是一位女神，是雪王的公主，为滋润大地，解救民众而下凡到人间。就让这些传说与故事永远流传在恒河两岸吧！

◎ 错落有致的西式风格建筑群，成为当地最有代表性的人文景观

温馨提示

① 印度人有很多不可思议的风俗习惯，在与人交往的时候，应多加注意。
② 印度人非常友善，问路时大可放心。
③ 在印度，有收小费的习惯。

袋鼠岛

与世隔绝的神秘土地

轻松悠闲地漫步在这神秘古老的大地上，不时会有混合着麦穗清香和温暖阳光的海风迎面吹来，轻抚脸颊，那一刻，应该是嗅到了大自然的味道。

关键词：与世隔绝、海狮、袋鼠
国别：澳大利亚
位置：南澳大利亚州圣文森特海湾
最佳旅游时间：9月至次年4月

袋鼠岛，位于南澳大利亚州圣文森特海湾出海口，是一座与世隔绝的神秘孤岛，袋鼠堪称这里的岛主。这个有着悠久历史的岛屿，经历过探险家的发掘，经历过殖民地的悲惨命运，满载厚重的历史。岛屿的田园牧场里饲养着许多动物，有呆萌的羊驼、浑身带刺的刺猬，还有可爱的袋鼠幼仔。

壮丽的海岸风光是袋鼠岛的另一大魅力所在。站在高高的海岸上，俯视一望无际的大海，感觉是那么的辽阔，海浪不时拍击着海岸涌向游人，充满了原始生命力。刺槐、山龙眼和茶树密布，一直延伸至隐蔽的海滩。

◎ 非凡石，长年在海水强风侵蚀下形成的艺术品

海豹湾是袋鼠岛令人惊叹的又一大奇观。它虽然名为"海豹湾"，却是以其庞大的稀有动物群——澳大利亚海狮群而著称。海浪有节奏地拍打着岸边的嶙峋怪石，明媚阳光下，巨石黑亮，令人目眩。肥硕的海狮，懒洋洋地趴在岩石上，灰黑的保护色让它们很容易躲过人们的视线。随后，横七竖八蒙头大睡的，三五成群谈情交欢、追逐嬉戏的……白色的沙滩上到处是它们可爱的身影。它们极其通人性，对于游客在它们之间漫步，表现

> 游客在喂食袋鼠

得相当大度。当面对游客的镜头时，它们会摆好姿势，非常合作地为游客呈现一幅生动的画面。

而作为"原住居民"的袋鼠更是不甘示弱，它们善于跳跃，在辽阔的草原上来一次次腾空跳跃，而等它们落地时已是在10米开外的地方了，留在空中的是它们划过的美丽抛物线。除了可爱的袋鼠，当然少不了嗜睡的考拉，它们每天要睡20个小时，是典型的"睡觉大王"。它们用尽一生的时间和树为伴，走在袋鼠岛上连绵起伏的桉树林间，经常会看到用四肢紧抱树干、正在呼呼大睡的考拉。待秋季树叶凋落，树干光滑，大睡的考拉一不留神就会跌落下来，摔个四脚朝天。不过，可爱的考拉落地之后，会慢慢爬起来，然后睡眼惺忪、晃晃悠悠地再爬到树上，换一个树干接着做梦。

袋鼠岛上还有一种独一无二的脊椎动物，一种小型有袋类食肉动物袋鼬。别看它们身子小巧轻盈，对于领土问题却是丝毫不让。倘若发现有新的领地未被占领，它们便会去竞争这块领地，扩大自己的地盘。因此，在袋鼠岛上随时都可以看到激烈争斗的袋鼬。可惜的是，袋鼬的生命短暂，大概只有1年的寿命。

此外，袋鼠岛还是在南澳大利亚濒临灭绝的辉凤头鹦鹉的最后栖息地，也生存着世界濒危物种——鸭嘴兽。

温馨提示

① 袋鼠、考拉和沙袋鼠的活动时间为日落后，在这些时间出游的话，请你格外小心保护这些野生动物。

② 风味馅饼和蛋糕、新鲜的各式海鲜、威洛比角的葡萄酒、金斯科特的蜜糖和乳酪都别具风味，一定不要错过。

032

喀纳斯湖
彩色的梦

关键词：富饶美丽、神秘莫测
国别：中国
位置：新疆维吾尔自治区阿勒泰地区
最佳旅游时间：6月、9月

喀纳斯湖气候多变，晴雨不定，湖水的颜色也随着环境不断变化，一会儿像碧绿的翡翠，一会儿又如湛蓝的宝石，不知是谁将如此多彩的梦留在了人间。

> 风静波平时湖水似一池翡翠，雪峰、春山若隐若现，恍若仙境

阿尔泰山下的密林中隐藏着世界上最绚丽的景色，这就是喀纳斯景观。"喀纳斯"是蒙古语，意为"富饶美丽，神秘莫测"。喀纳斯河挟着高山之水，奔流到平缓地带，冲蚀着两岸的泥土、岩石，经过千万年形成了一连串的河湾，最美的就是喀纳斯湖。它如一枚豌豆荚般镶嵌在幽森的绿林之中，湖水时时变换着不同的色彩，在阳光下折射出不同的

光芒。

杨柳刚绿时，走在喀纳斯湖边精致的木堤上，看着连天春水映着嫩绿的林木，春光无限。阵阵清风吹来，还夹着淡淡的花香，不知名的鸟儿在林间啼鸣，湖畔野花开得正盛，翩翩舞蝶俏立花头，让人羡慕不已。真想坐在花间长凳上睡去，像庄生一样化为翩翩蝴蝶，永远停留在这幅美丽的画卷中。

忽然一阵风吹过，天边卷来几朵浓云，阳光还是明媚的，豆大的雨点就忽然落了下来，打得游人四处逃散。此时的喀纳斯湖泛起千万朵雨花，在阳光下闪着奇妙的光芒，仿佛平静的湖水中，忽然绽放无数金银花朵。人们还未来得及欣赏这壮丽的景观，雨忽然就停了，湛蓝的天空像刚刚被洗过一样，看不到半点云朵，远处的阿尔金山群峰也褪去了面纱，清晰可见。若不是天边绚丽的彩虹，人们真不敢相信，这里刚刚下了一场暴雨。更奇特的是，雨后的喀纳斯湖忽然从碧绿的翡翠变成了一颗晶莹剔透的蓝宝石。几只小艇在水面上飞驰，留下一道道长长的水纹。

在喀纳斯湖豌豆荚形的东岸，沿岸有六道向湖心凸出的平台，它们使湖面形成井然有序的六道湾。第一道湾的基岩平台上有一个巨大的羊背石，远远望去，恰似一只卧羊昂首观湖。三道湾观景平台高临湖面，是喀纳斯湖上观赏日落的最佳地点。每至夕阳西下时，在此可见粼粼湖水泛满金光，连苍翠的树林仿佛都披上了一层绚烂的金色纱衣。湖中的湖心岛更如一颗秀美的翡翠，镶嵌在色彩不断变化的湖面上；湖泊北端的入湖三角洲地带，大片沼泽湿地与河湾小滩共存，各种草类与林木共生，平坦开阔的湖畔呈现出一派生机勃勃的景象。

据说喀纳斯湖中居住着很多神秘的水怪，更有人说这是神龙潜伏的宫殿。但科学家们认为那些水纹是生活在湖水中的大红鱼造成的。大红鱼即哲罗鲑，这种巨大的鱼类成年后体长可达2~3米，浑身呈现淡红色，所以又被称为"大红鱼"。

生活在喀纳斯的图瓦人还保持着他们古老的部落氏族观念和独特的生活习惯、宗教信仰。他们以游牧、狩猎为生，无论男女都勇敢强悍，善骑术、善滑雪、善歌舞。喀纳斯村中用原木搭建的木屋散布其中，小桥流水、炊烟袅袅、奶酒飘香。古朴的小村仿佛世外桃源，和喀纳斯湖一样充满神秘色彩。

湖泊、幽林、雾海、彩滩、怪石、古老的民族……美丽的喀纳斯景区到处都透着说不出的神秘，仿佛此景本不该出现在人间，而是上天遗忘在此处的一个梦。

> **温馨提示**
>
> ❶ 前往喀纳斯旅游，有些地点需要边防证，可直接在喀纳斯景区凭身份证办理。
> ❷ 景区内的食品价格较高，尽量在布尔津采购充足。
> ❸ 新疆地区紫外线强烈，气候干燥，一定要准备足量的防晒霜，还要注意保湿。

033

武陵源
此景只应天上有

山谷中生出的云雾缭绕在层峦叠嶂之间，云海时浓时淡，石峰若隐若现，景象变幻万千。

关键词：流泉飞瀑、奇峰、怪石	位置：湖南省张家界市
国别：中国	最佳旅游时间：4月、10月

  世界上没有一个地方像武陵源这样汇聚了如此多的美景奇观。当它第一次呈现在世人面前时，就将所有的人震惊了、迷住了。陶渊明曾经在他的《桃花源记》中记述一个武陵人找到了一处没有战乱、没有世俗纷争的世外桃源。这让千百年来无数人苦苦地寻找它，最后以为它真的只存在于文学作品之中，直到人们看到了武陵源。

  武陵源风景名胜区位于湖南省西北部，由张家界、索溪峪、天子山、杨家界四大部分组成。这里属于世界上罕见的砂岩峰林地貌，这里的风景没有经过任何人工雕琢，到处都是石柱石峰、断崖绝壁；到处都是古树名木、流泉飞瀑；珍禽异兽在深林中潜伏，奇花异草在云雾中怒放。置身其间，犹如到了一个神奇的世界和趣味天成的艺术山水长廊。

  武陵源以奇峰、怪石、幽谷、秀

奇峰异石，突兀耸立

这些突兀的岩壁峰石造型若人、若神、若仙、若禽、若兽、若物，变化万千

水、溶洞闻名于世，3000多座石峰千姿百态，耸立在深幽沟壑之中。这些突兀的岩壁峰石，连绵万顷，造型若人、若神、若仙、若禽、若兽、若物，变化万千。每当雨过天晴或阴雨连绵天气，山谷中生出的云雾缭绕在层峦叠嶂之间，云海时浓时淡，石峰若隐若现，景象变幻万千。五指峰，5根并列的石柱，长短不一，间隔有致，极像伸开的5个手指。摘星台，顶部向南空悬，像游泳池中的高台跳板，明月当空，站在台上，满天星斗似伸手可摘。玉瓶峰，高100多米，肚圆颈细，像一只玉做的花瓶，置于绿树花丛之间。天桥，两端与地面相接，似一弯弦月，桥两边是绝壁深谷，惊险无比。后花园，一条豁朗的山谷，有数十座小巧石峰分布其中，谷间花木茂盛，流水淙淙，百鸟鸣啼，清寂幽雅，两个斜圆门为巨大石壁崩塌而成，浑圆双拱，极像月亮门。金鞭岩，上细下粗，顶端尖削，宛如一根长长的金鞭插在地面。

溪流蜿蜒曲折，穿行于石林峡谷之间，它们聚成水潭，形成飞瀑，或缓流潺潺，或急流激荡。溪流边开满各种鲜花，每逢春季落英漂浮在流水中，将整条溪、整个池塘都熏染得香香的。众多的瀑、泉、溪、潭、湖各呈其妙。金鞭溪是一条十几千米长的溪流，从张家界沿溪一直可以走到索溪峪，两岸峰林对峙，倒映溪间，别具风味。那些幽深的峡谷，处处透着秀气、仙气，走在石质的山路上，足音在空谷中回荡，让人心灵也放空了，一切世俗之事都忘记了。

富有特色的武陵源溶洞有大大小小40余个，数量和规模都居世界溶洞群前列。在众多的溶洞中，长7.5米的黄龙洞最为著名，这个有"东南亚岩溶景观缩影"称号的溶洞共有4层，景观都很奇特。

武陵源美如仙境，无论是春、夏、秋、冬，还是阴、晴、风、雨，武陵源都很美丽，都能展示给游客各不相同的一面：云海来时，让人飘飘欲仙；云海一旦涨过峰顶，便化身瀑布，飞流直下，气势磅礴。

◎ 南天一柱，有顶天立地之势，仿若刀劈斧削般巍巍屹立于张家界

温馨提示

1. 武陵源海拔较高，水汽多，雾大，容易导致路面湿滑，因此建议游客穿防滑鞋。
2. 武陵源景区猴子多，且大胆调皮，爱恶作剧，游客注意保管好随身物品，以防被抢。
3. 武陵源景区多雨，且随时变天，要随时准备雨衣。

皮利角国家公园
天涯海角

这里远离尘世喧嚣，宛如安静唯美的世外仙境。

关键词：自然气息、鸟节	位置：安大略省南端
国别：加拿大	最佳旅游时间：5月至9月

在加拿大版图的最南端，皮利角就像一把利剑，刺入伊利湖的中心。那里就是皮利角国家公园，被称为加拿大的"天涯海角"。这一片沙滩裸露在蓝天和湖水的怀抱中，透着纯粹的自然气息。站在皮利角上，一眼望不见伊利湖的边际，只见湖面波光粼粼，深蓝涌动。皮利角的尖角处有清、浊两股水浪交融，形成"泾渭分明"之势，那是伊利湖内的暗流循环所造成的结果。

公园虽然面积不大，但"麻雀虽小，五脏俱全"，森林、沼泽、沙滩应有尽有。除了鸟类，还是许多野生动物的安身立命之所。松鼠、浣熊、黄鼬、貂、蛇等动物在园内尽情驰骋，过着安逸富足的生活。

如果你是观鸟爱好者，那一定不要错过5月的皮利角。当北徙的候鸟从墨西哥湾迁徙到五大湖地区时，皮利角是它们能栖息的第一块陆地。这个半岛拥有优越的自然条件，候鸟们会在停留、休憩后继续北飞。加拿大一年一度的鸟节每年5月在皮利角举行，极具吸引力。

绝佳的地理环境、湿润温和的气候、肥沃的土壤以及湖畔的沙丘，为

公园是北美候鸟迁徙的必经之地

清澈如镜的湖水和天空融为一体，蔚为壮观

鸟儿们提供了一片极乐之地。灌木郁郁葱葱，是白头翁藏匿的好地方。这些活泼可爱的鸟儿是典型的杂食性动物，捕食时，它们会在矮树篱或灌木丛的最高处静静地守望，当有昆虫飞过时，就会一跃而起，在空中将昆虫擒获，然后再回到它栖息的树上，大声鸣叫，似乎是为得到美味而沾沾自喜。公园内，还有一种总是聒噪不止的长尾巴鸟儿——红眼雀。它们游荡在丛林中四处觅食。红眼雀的身体两侧泛着铁锈色，它们有着饱满的羽翼，看起来敦实可爱。"林中歌唱家"——黄莺就是来拯救聒噪的，它们的叫声圆润嘹亮，低昂有致，富有韵律，十分悦耳动听。

缓缓向公园东侧走去，突然间，成片的芦苇铺天盖地地蔓延开来，吐出新芽的柳树摇曳生姿，坠入水中，倒映着盎然的绿意。茂密的芦苇被微风拂过，突现出汉港之内那三三两两泛游的独木舟。水塘开阔的水域，荷叶浮萍斑斑点点，蝴蝶翩然，飞鸟盘旋，时不时地在水面泛起涟漪。这里，就是位于东岸腹地著名的大沼泽了。远远地，木板搭就的林中步道顺着一带河水向远方延伸而去，仿佛是绵长的海岸线，定格了岁月的弧度……

撑一叶扁舟，游荡水中，置身芦苇，轻嗅白荷，你已成诗画。

> **温馨提示**
>
> ① 当地住宿地方较多，不需提前预订。
> ② 用烧木头的炉火烤制的比萨饼，口味独特，值得品尝。
> ③ 想要品尝地道、可口的意大利面，Spago Ristorante Italiano 是不错的选择。

第二章 绝版地球神秘地带

087

035

拉萨

洗涤心灵的圣地

> 雪域高原的蓝天白云,圣洁纯净,天然美好,这里是离天空最近的圣地,仿佛呼吸间就将心灵净化了。

关键词:圣洁、天籁之声、布达拉宫
国别:中国
位置:西藏自治区
最佳旅游时间:3月至10月

布达拉宫重重叠叠,迂回曲折,同山体融合在一起,高高耸立,巍峨壮观

　　直到自己的双脚真的踏上了青藏高原,真的站在了这个离天空最近的地方,我才从恍惚中清醒过来,兴奋地在心中大声叫喊。这里的一切都别有韵味,让自己慢慢融入这圣洁的世界,去体味其中的不同。

　　对于西藏,《青藏高原》这首歌就是最好的诠释;而对于拉萨,这个雪域高原上的精灵,它就像雪山上的天籁之音。其实,它并不需要华贵的乐器来伴奏,也不需要刻意地营造气氛,只需天和地进行一段简单的对话,和谐纯净的天籁之声就会自然而然地倾泻而出。

蓝天白云下愈显纯净的拉萨

　　拉萨是个洁白无瑕、一尘不染的地方，它就像一处人间仙境，涤荡着人的心灵，让世界变得更美好。拉萨就在美丽的拉萨河北岸，从一望无际的草原上远远望过去，拉萨就像河畔的一颗宝石，在薄雾消散后闪闪发光。这湛蓝的天空如同还未来得及调和的颜料，纯净浓郁。那一团团低低的云朵，像是雪白的棉花，松弛绵软。人们对于这条河的热爱，完全不亚于对自己母亲的热爱。在河的两岸，人们尽情地放松自己，在河里舒畅地游来游去。偶尔看到青翠的水鸟轻轻点一下平静的水面，荡起一圈圈涟漪。

　　在拉萨水汽氤氲的温泉附近，人们常常会被淋湿。再看那挺拔巍峨的山脉，连绵起伏，苍翠青葱。终于到了心中久久向往的布达拉宫，那壮丽纯洁的宫殿让人赞叹不已。它将汉藏风格结合在一起，庄重大方，没有丝毫违和感。夕阳下那一排排有着千年历史的小屋，附近兜售工艺品的小摊，也许它们才是这座城市真正的主人。在不知不觉间拉萨又下起了雨，痛快地淋一次拉萨的雨吧，独自在雨中享受着这来自青藏高原的清静与圣洁。生命中所有的欢乐和兴奋都在这时候化为雨滴在空气中跳跃着，穿过那个千年一梦的时光隧道，化为数不尽的轮回。

　　时光如过眼烟云，转瞬即逝，唯一不变的就是那深深刻在脑海中的一切。

温馨提示

① 到拉萨前最好先预订旅馆，由于高原反应的关系，不要把体力消耗在找旅馆上。

② 藏族有自己独特的食品特色和饮食习惯。酥油、茶叶、糌粑、牛羊肉，被称为西藏饮食的"四宝"，还有青稞酒和各式奶制品，入乡随俗，你可以当一回"藏族人"。

036

五彩湾

千彩古堡

> 它是雪山脚下的乐土,在这块缤纷的土地上,到处呈现出一派生机盎然的景象。

关键词: 五彩缤纷、天下奇观
国别: 中国
位置: 新疆维吾尔自治区昌吉回族自治州
最佳旅游时间: 全年

游人正在记录这蓝天白云映衬下的五彩湾景色

　　五彩湾,又称五彩城,是在茫茫戈壁荒漠中的一片罕见的五彩缤纷的世界。五彩湾状如城郭,是由深红色、橙色、黄色、绿色、青灰色、灰绿色、灰黑色、灰白色等多种色彩的泥、页岩构筑而成的低丘群。五彩湾向来以神秘、怪异、壮观而闻名,这片土地上充满着奇丽的色彩，从高处俯瞰，妖艳至极。

五彩湾，在远古时代是一个烟波浩渺的湖泊，后来随着气候的周期变化和地壳运动，各种色彩鲜艳的岩石在此聚集，逐渐形成了这个天下奇观。有人说它是织女遗落在人间的染坊，因为只有仙女的着色，才可以让这里如此瑰丽。

千年的风雨将这片土地切割成一座座孤立的小丘，一般为10～30米高，最高者可达40米。多彩的崖壁，因为含有不同的矿物质而呈现出不同的色彩，其中以暗红色为主调。这一带地势起伏，变化多端：有的像威武雄狮，有的像宝塔，有的像麦垛，有的像金字塔，有的像堡垒，有的像殿堂，有的连成峰丛状，有的坡面上布满道道沟纹……绚烂多姿，让人目不暇接。也许它们是上天精心创造的，在烈日的照射下，泛着洪荒时代的苍凉。

随着阳光照射角度的不同，五彩湾的景色也会随之变化。清晨的时候，太阳刚露出娇羞的脸颊，山谷中早已被雾气萦绕，阳光透过雾气照射到山丘上，那彩色的山丘变得更加玲珑剔透，优雅多姿。中午，太阳开始变得炽热起来，此时的五彩湾就仿佛是一团剧烈燃烧着的火焰，山丘的颜色在阳光的炙烤下开始变淡，就连空气都变得十分燥热，像是一场熄灭许久的大火突然重新燃烧起来似的。这时，你会感觉自己心跳加速，血液沸腾，一种原始的冲动顺着你的血管上涌，原本积压在心中的种种不快都被这种澎湃的激情冲淡；突然你又感觉，原来生活是那么有趣。黄昏，柔和的阳光让五彩湾的色彩一下子强烈起来，变得绚烂多姿。那浓烈的红色，如火；那耀眼的黄色，如金；那可人的绿色，如草；那诱人的蓝色，如海。晚霞在天空中织成一件温馨的披风，和五彩湾融合在一起，搭配得天衣无缝。置身于五彩湾，你会以为自己走进了一幅画，走进了一个美丽的梦境。

○ 上帝的画笔在这里描绘了一个五彩缤纷的世界

温馨提示

① 五彩湾是电影《卧虎藏龙》、《车师古道》、新版《西游记》的外景拍摄地，可以重温一下经典。

② 从吉木萨尔县城或昌吉包车前往，车资500～800元，受停留时间、旅游淡旺季影响，费用不定，3～4人合租比较合适。

怀托摩萤火虫洞

萤火之光

关键词：晶莹、奇异光芒
国别：新西兰
位置：怀卡托的怀托摩溶洞地区
最佳旅游时间：全年

小时候，萤火虫被我们当作"星星"，长大后，这些"星星"等你来数。

怀托摩溶洞曾经位于深海，3000万年间经过无数次地壳或火山等地质变动，石灰岩上升到海面。雨水和空气中的二氧化碳结合在一起，不断侵蚀形成岩缝，最终形成了形色各异的石笋和钟乳石，也造就了奇特的萤火虫岩洞景观。

在怀托摩萤火虫洞里，借着昏暗的光线，能看到两侧岩石上绿白色的微光，无数条长短不一的丝线从洞顶垂下，丝线呈半透明状，上面还附着许多"水珠"，散发出晶莹的光，远看像是水晶珠帘一般。但你千万不要以为这是真正的珠帘，其实这些"水珠"是萤火虫幼虫，丝线是它们分泌出来的黏液，是专门为捕捉其他昆虫而编织的猎网。倘若有昆虫循着光线而来，撞到丝线上，就成了这些萤火虫幼虫们的大餐。

这个奇特的岩洞一直不为人知，直到1887年一位英国测量师请一位

靠近洞穴时必须乘船进去

◎ 洞外林木密布，给人一种诡异之感

当地的毛利人族长做向导，进入溶洞考察。他们乘竹筏顺小溪进入洞内，在蜡烛微弱的光亮下，他们惊奇地发现洞壁上那些散发着奇异光芒的萤火虫。从此，萤火虫洞便被世人所知。

毛利人族长对萤火虫洞充满好奇，于是多次带领族人进去探险。他们发现洞内不但有萤火虫，还有3层钟乳石，而且顶端有出口通向外

◎ 除萤火虫外，洞内还有各式各样的钟乳石和石笋

面，毛利族人欣喜地把这一重大发现报告给当地政府。1888年，政府将萤火虫洞开发为旅游景点，游客们可从顶端进入，从底端的小溪中出来。

这个洞穴的所有权一直归政府所有。直到1989年，新西兰当局在毛利人的再三要求下，才把这个溶洞的所有权归还给毛利人。

温馨提示

① 新西兰无论是空气，还是水，都非常优质，自来水可以直接饮用。
② 建议订好每晚住宿的酒店或旅馆，免得因为旺季等原因出现涨价或订不到的问题。

038

花山谜窟
绝世奇窟

北纬30°，这条神秘线上的唯一一处石窟群奇观，神秘和疑团就汇聚在这里。

关键词：石窟、田园风光
国别：中国
位置：安徽省黄山市
最佳旅游时间：全年

埃及金字塔、百慕大三角等世界上诸多鬼斧神工的神景奇观，都恰好处在北纬30°这条神秘线上，而花山谜窟足以让这条线更加神秘。千百年来它一直默默地隐藏于新安江屯溪段下游南岸连绵不断的山体中，在沿江两岸5000米长的山群中共有36座石窟。花山谜窟可谓当代发现的又一大奇迹，景区以新安江为纽带，连接了花山和雄山两大景区。景区旅游资源非常丰富，集青山、绿水、田园景致、摩崖石刻、奇松怪石等人文景观与自然景观之大成。

◆ 景区内田园风光更是引人入胜，美不胜收，令人心旷神怡

与国内许多著名的天然溶洞相比，花山谜窟并非天然生成的溶洞，而是古人利用巧夺天工的技艺建造而成的。经专家考证，石窟至今已有1700多年的历史。石窟分布之密集，规模之宏大，气势之壮观，特色之鲜明，堪称"中华一绝"。

这些石窟各有特点，或洞里有洞，层层跌宕，神秘奇特；或石柱擎天，鬼斧神工，气势恢宏；或迂回通幽，水波荡漾。但它们都很大，最大的35号石窟有1.2万多平方米。在2号石窟中还发现了恐龙的脚印。每一个石窟都有雕琢的痕迹，这些痕迹在四壁、顶端，甚至石柱和石墩上都能看到，而且非常整齐，十分醒目。

花山谜窟不是天然溶洞，而是古代巧夺天工人为开凿的怪异石窟

这么大的工程，在石窟外面却看不到一点儿搬运的痕迹，让人不得不佩服石窟的建造者。遥看花山，只见它静静地卧在新安江边，身边是一望无边的草原，成群的牛羊在草原上漫步，十分惬意。

石窟的魅力体现在一连串的"谜"上：它们是如何建成的？为什么要建造这些石窟？挖出的大量石料去了何处？当年是如何开采和运输的？石窟内有少量开采好的石块，为什么没有被运出去？洞内有多处厚10厘米的石壁为什么不凿开而任其挡在石厅中间？洞内石柱上的方形和圆形盲孔有什么用途？如此规模庞大的石窟群，为什么至今没有见到史籍上的记载……专家们为此做出种种推测和分析，但仍未能找到确切的答案。

古人留下的谜，等你来解开。

> **温馨提示**
>
> ❶ 石窟内较凉爽，最好随身携带衣物。
>
> ❷ 2号石窟（环溪石窟）水汽较大，洞内外又有温差，会使照相机镜头蒙上一层水雾，影响拍摄。在洞外待一段时间，镜头上的水雾就会消失了。
>
> ❸ 24号石窟（二十根柱石窟）有的地方洞顶比较低，坐游船时注意低头，小心磕伤。

伦敦塔

雾都魅影

这是英国最古老的一座城堡,也是凝聚着英国历史的一座著名博物馆,还是英国血腥味最重的地方。

关键词:神秘诡异　　**位置**:伦敦泰晤士河北岸
国别:英国　　**最佳旅游时间**:全年

伦敦塔矗立在泰晤士河畔,是一组占地约 7 万平方米的庞大建筑群

　　这是英国最古老的一座城堡,它充满浓郁的血腥味,凝聚着英国的历史,是英国最著名的博物馆之一。

　　11 世纪,被称为"征服者威廉"的英国国王下令建造了伦敦塔。这座城堡建筑群以白塔为核心向四周扩展。今天我们看到博物馆里收藏着无数皇家珍宝,洋溢着贵族的幽静

夜色中，伦敦塔附近的塔桥景色格外夺目

气息，却很难想象，它曾经作为皇家宫殿、造币厂，也曾被用作监狱、刑场和军械库。城堡地下土牢里的各种刑具和堡外塔山的断头台在告诉世人，曾经有无数人丧命于此，数不清的亡灵在伦敦塔内外游荡和徘徊。

在众多的伦敦塔鬼魂传说里，最有名的要数亨利八世的王后安妮·博林。1536年5月19日，她被斩首，罪名为通奸和叛国。死后不久，有人声称看到一袭白袍的她在塔内的回廊和绿地上徘徊。马格利特女伯爵是伦敦塔里另一个有名的鬼魂，据说每年的5月28日，女伯爵痛苦的呻吟声都会飘荡在伦敦塔的上空。原来在1541年5月28日，亨利八世为了政治目的而判她死刑，女伯爵已年近七旬却依然秉性刚烈，被刽子手押到刑场后坚决不肯跪下认罪，最终死于刽子手的乱刀之下。

在这些传说的鬼魂中，还有小孩子的身影。他们与500多年前的一宗离奇命案有关：1483年，英王爱德华四世去世，王位应该在他的儿子爱德华五世和约克公爵中选出。但送进伦敦塔的这两个孩子不久后就神秘失踪了，人们将伦敦塔翻了个底朝天，都没能找到他们，继承王位的变成了他们的舅舅理查。这成了英国史上的一桩悬案。直到1674年，整修塔内阶梯的工人们才从砖石中发现了两位小王子的遗骸。据说从此以后，人们经常会在塔内看到两个手牵着手的小孩子嬉戏玩耍。

伦敦塔的神秘诡异引来无数人探秘研究，人们最后得出结论：塔内光线昏暗，环境幽闭，加上磁场异常，以及次声波和空气流动的作用，很容易激起人们的恐惧感，而且塔内发生的各种死刑和谋杀的往事更加重了这种恐怖，神思恍惚便很容易产生错觉，往往把这

伦敦塔是英国伦敦一座标志性的宫殿、要塞

种错觉当成是见到鬼魂。

不过，很快就有证据推翻了这个解释：2003年圣诞节前夕，汉普敦宫的保安监视系统拍到一个身穿长袍的神秘人物，他站在宫内展览区的一扇防火门前，一只手抓着门把手，正试图推开防火门。他的身子站在阴影里，但脸却清晰地显露在灯光下，人们从毫无血色的脸上看出，这正是当年制造无数血腥谋杀的暴君亨利八世。为此，英国《太阳报》还专门作了报道。

发生此事后，人们对伦敦塔鬼魂的研究再次陷入迷雾中。鬼魂究竟是真是假？如果是真的，谁又真正与鬼魂面对面过？如果是假的，为什么调查部门却查不出结果？无论如何，这座封存英国王族历史的古老塔楼，还封存着用现在的科学无法解释的谜题！

温馨提示

1. 建议在了解都铎王朝历史后再参观。
2. 伦敦塔内的路滑且不平，建议不要穿高跟鞋。

046

圣克鲁斯县

地心引力失灵的地方

这里有一片茂盛的森林，大自然赋予了它神秘的力量，地球引力在这里仿佛消失了。

关键词：神秘、无法解释
位置：加利福尼亚州
国别：美国
最佳旅游时间：全年

圣克鲁斯县是一座背山面海，风景秀丽的海边小城

圣克鲁斯县位于美国加利福尼亚州中部，旧金山湾和蒙特雷湾之间。这座不到10万人口的城市以宁静和幽雅著称。这里虽然没有旧金山那样的繁华，但太平洋岸边的风光和一个又一个的著名海滩在假日和夏季仍会迎来无数的观光客。

透过花丛看大海，也是一种别样的体验

从旧金山驱车南行，大约两个小时就可以到达圣克鲁斯县。再驱车约5分钟，就会到达一个不同寻常的地方，人们称其为"魔鬼地带"。这里面积约1.7万平方米，覆盖着茂密的树林。在这片森林中，有两块神奇的魔板石和两座神秘的小木屋。

大自然赋予了位于北纬30°的圣克鲁斯县一种神秘的力量：牛顿的万有引力定律在这里完全失去意义。众多科学家对地球重力和磁场在这里失效而困惑不解。

神秘地带的入口处有两块处在同一水平面的石块，它们均长约50厘米，宽约20厘米，相距约40厘米。乍一看它们就是两块普通石板，可事实并非如此。它们一个能将人变得高大，另一个能将人变得矮胖。但测量身高却发现，高大和矮胖的数据是相同的。也就是说，这只是视觉上的误差，但人们却无法解释这种误差现象产生的原因。

除了视觉误差，还有磁场失效。1946年，一位美国飞行员飞过圣克鲁斯县上空时，忽然惊恐地嚷道："飞机出现故障了！"原来飞机上的仪表在一瞬间全部失灵了。飞行员冷静地检查飞机，却根本找不到故障。他感到很奇怪，任飞机飞行。很快他又惊奇地发现，在飞离圣克鲁斯县上空后飞机的仪表全部恢复了正常。

后来，又连续有飞行员报告，在这里都遇到同样的情况。

科学家们听到这个消息，就对此地进行了研究，他们很快发现，在圣克鲁斯县附近有很多同样神奇的东西。令人难以置信的是，小岛周围的树木都是朝同一个方向倾斜，就像刚刚被台风侵袭了一样。不仅如此，基本上悬挂在那里的物体都是处于倾斜的状态，甚至连掉下来的物体也会倾斜着飘落下来。有人走在小岛上，身体几乎与斜坡平行，低头也看不见自己的脚，这一罕见的斜坡，就是最具神秘色彩的中心地段，那里有一间同样倾斜的小木屋。

神奇的巨石、奇异的斜坡、倾斜的小木屋……这些神秘的自然现象至今仍是无法解释的谜。所以，圣克鲁斯县吸引了来自世界各地的游客，同时也让科学家对它产生了极大的兴趣并不断去探索。

○ 圣克鲁斯县干净整洁的街道和别样的绿化

温馨提示

❶ 去沙滩玩耍记得携带帽子、墨镜、防晒霜等防晒用品。

❷ "洛夫"旋转木马与惊险的"巨勺"滑行铁道是海滨娱乐中心最受欢迎的两个项目，值得一试。

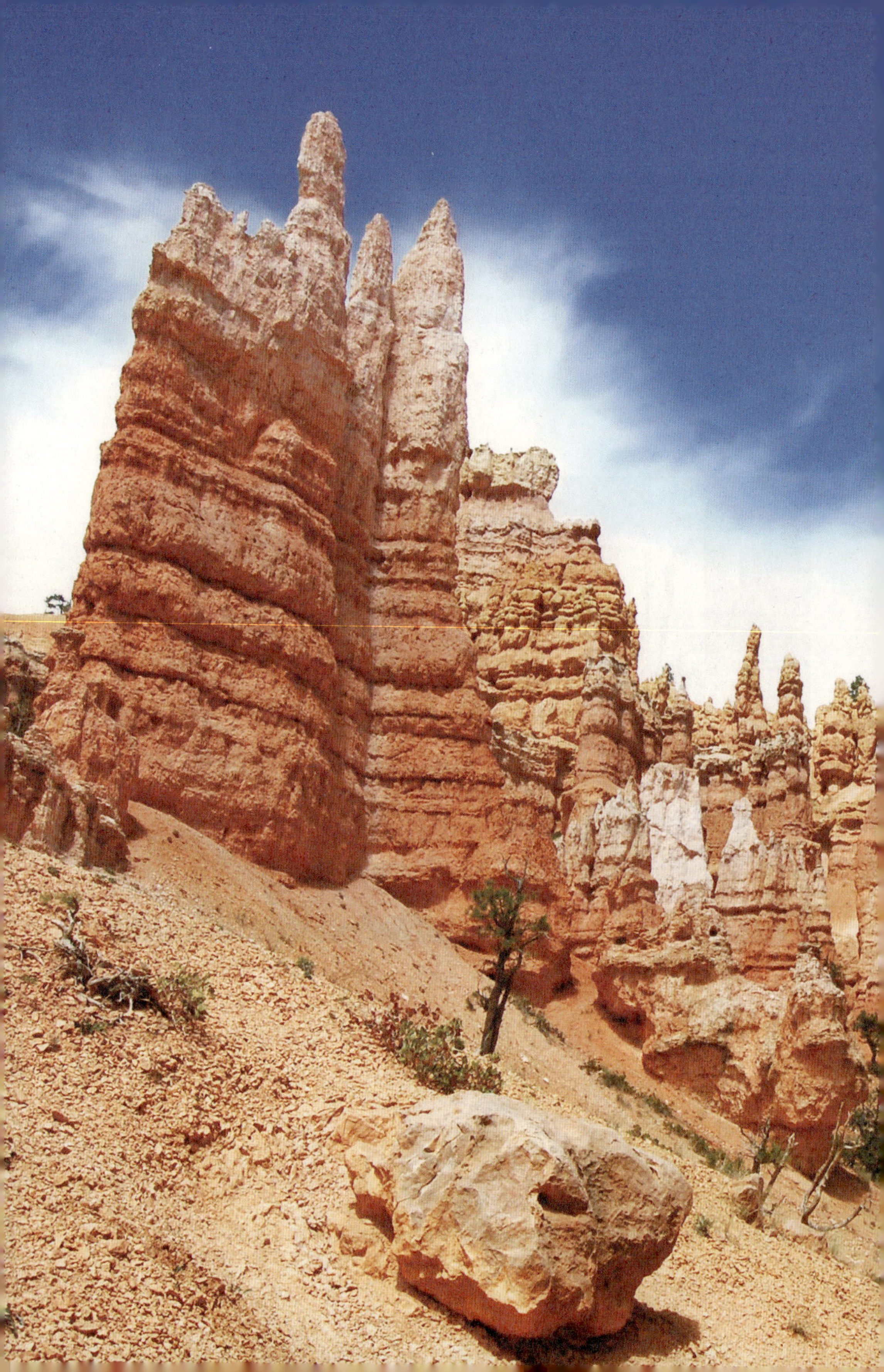

第三章

鬼斧神工的大自然的杰作

不得不说，
大自然是伟大的，
人类在它面前是多么微不足道，
敬畏与诧异
已经不足以描述我们
看到大自然杰作后的心情，
无论是刻意的还是无心的，
结果足以让我们瞠目结舌。

汤加里罗国家公园

火山展览馆

在这里找寻《指环王》中「魔多山」的熊熊烈火，重温电影中的经典。

关键词：火山、《指环王》
国别：新西兰
位置：北岛中西部地区
最佳旅游时间：3月至5月、9月至11月

汤加里罗国家公园，是新西兰成立最早的国家公园。整个国家公园内，森林密布，高山林立，溪水流淌，风光俊秀，有壮观的火山群及变化莫测的生态环境。如今，这里已经成为世界著名的旅游胜地，每年前来参观的游客成千上万。

这里是原住民毛利人的家园，公园内的高山给予了毛利人极大的精神力量。因此，毛利酋长蒂休休图基诺四世于1887年出于一种极大的信任，将鲁阿佩胡、汤加里罗和瑙鲁霍伊3座壮观的火山赠送给国家。后来新西兰政府将这3座火山以及周边的土地，组建成了汤加里罗国家公园。1990年和1993年联合国教科文组织将汤加里罗国家公园作为文化和自然遗产，列入《世界遗产名录》，从而确立了这个地区自然和文化的重要性。

汤加里罗国家公园的一大奇观是沸泥塘，那冒着热气的黄色泥浆像一

瓦塔瀑布，《指环王》里的古鲁姆在这里抓鱼

美丽的绿宝石火山湖是火山口的冰雪消融而成，其绚丽的色彩来自于从围岩浸出的已被溶解的矿物质

锅刚刚熬好的浓稠的玉米粥。公园里随处可见几维鸟，它是新西兰的国鸟，在新西兰的国徽和硬币上面都能看到它的身影。几维鸟与其他鸟类不同，它的喙很长，但没有翅膀和尾巴。因此它的一切活动都要靠喙：觅食或休息时支撑身体。当它用长喙协助双腿支撑着身子休息时，就像一个老人拄着一根拐杖一样，有点滑稽，但更多的是可爱。

　　汤加里罗火山的山坡被一层厚厚的火山灰覆盖，寸草不生，山顶肆意裸露的岩石、以荒芜示人的火山口以及刺鼻的硫黄味道，使徒步旅行者毫不怀疑这片土地是多么真实。这里有各种步道可以用来做短途游览，比如到低地森林步行，也可选择很受欢迎的"8小时徒步翻越汤加里罗火山之旅"。过夜徒步旅行有环山步道，因此可以在鲁阿佩胡火山的半山腰地带进行4~6天的游览。冬季，这座高山上有两处大型的滑雪场可供游玩。这里被誉为汤加里罗国家公园最受欢迎的步道之一。

　　这里贫瘠而壮观的火山为我们留下了生动的彩色湖泊、冒气的喷气孔地层熔岩。电

○ 瑙鲁霍伊火山口常年不息地升起一股巨大的白烟柱，景象蔚为壮观

影《指环王》中可以摧毁魔戒的末日山脉"魔多山"里的熊熊烈火，事实上就是以鲁阿佩胡火山为背景的。在汤加里罗国家公园中还有两个主要的场景拍摄地，一个是"沙漠公路"，另一个则为"怀卡帕帕"，电影中弗罗多和山姆在最后登上那座连绵不绝的山峰的一幕，其取景地便是国家公园中的滑雪胜地——怀卡帕帕。电影中的末日山脉，就是国家公园中的瑙鲁霍伊火山。

到这里来吧，看看这里绝美空灵的景色，看看这个精灵的国度。在那低缓起伏的千里牧场，《魔戒》迷们还可以发现更多《指环王》的脚步。

温馨提示
❶ 公园内有露营地和小屋供游客住宿。
❷ 冬季，鲁阿佩胡火山上有两处大型滑雪场对外营业，可以体验一下。

它虽然有一个"恶名"，但绝对是个好地方！

042

劣地国家公园

荒凉的艺术

关键词：山脊、深沟、平顶山
国别：美国
位置：南达科他州西南及内布拉斯加州西北
最佳旅游时间：全年

劣地国家公园又译为巴德兰兹国家公园，"巴德兰兹"来自音译，意思是劣地。在世界上许多地方都发现过劣地地貌，这种地质构造通常在半干旱气候中形成，以无数峡谷、山脊以及稀疏的植被为特征。美国南达科他州西南的这片劣地地貌最具代表性，也是最先使用这一称呼的地区。

这里曾经被人们视为恶劣的土地，它既没有广袤的平地可供耕种，又没有一望无际的草场用于放牧，甚至连可供栽种果树的山地都没有。然而，正如老子所言"无用之用是为大用"，它获得"恶名"多年以后，人们才发现了它的价值。这里有奇形怪状的土丘、巨石，这里有四通八达的沟壑、峡谷，这里有众多珍贵动植物……这里是全美最著名的国家公园之一，是全世界旅游者心中必须一见的奇观之一。

整个劣地国家公园约有274千米长，80千米宽，横穿南达科他州西南部。这里是由刀锋般的山脊、深沟、狭窄的平顶山以及一望无垠的沙漠组成的。在通往公园的路上，四周都是一望无际的草场，几乎没人能意识到那里为何忽然出现一片完全不同的广阔土地。车子走着走着，你会忽然发现数十米高的岩石宫殿在大草原的天空下若隐若现，仿佛海市蜃楼一般。而一转眼，自己已经置身于千奇百怪的石塔和壮丽的拱壁之间了。

从日出到日落，从春天到冬季，劣地之上处处闪着迷人的光辉。随着太阳的东升西落，无数的岩丘从淡红色变成光彩夺目的金黄色，令人叹为观止。这里并非寸草不生，在岩坡上有一些刺柏攀附着，小溪旁与盆地中也有顽强的小草、白杨和野花。春天绿草初生，和荒凉的土丘形成鲜明对比；夏天酷热难当，偶有倾盆大雨；冬季则冰冷彻骨，萧瑟寒风穿越沟谷、土塔群发出阵阵低吼，仿佛一首荒凉冷寂的美国西部歌谣。

公园最重要的地理造型就是石墙。在劣地国家公园，水是雕刻土地的有利工具，而风正是塑造这一切奇观的艺术大师：风吹起粗砂和灰尘不断地"打磨"岩石，被风带到岩石

◎ 劣地国家公园是由地质作用形成的洼地

缝隙中的水分年复一年地霜冻与解冻，将岩石塑造成各种形状。

除了瑰奇的地貌，那些美丽的动物也为这片劣地增添了种种迷人景色。在无边的草地上，可爱、优雅的叉角羚羊悠闲地游荡；落基山大角山羊站在高高的土丘上，俯视着自己的领地；草原狼在城镇、村庄般的怪石墙间游荡，寻找着自己的猎物；苍鹰在天空中盘旋，一旦发现目标便俯冲而下……这一切让整个公园充满了动感与野性。

劣地国家公园在历史和地理方面都是独一无二的。有人曾经这样评价劣地国家公园："它有一个恶名，但绝对是个好地方。"相信任何来过劣地国家公园的人对这句话都会点头称是。

温馨提示

❶ 美国国内航班对行李的限制很严格，所以托运的行李用一个大箱子为好，第二个箱子需要加收25~100美元的费用。

❷ 在劣地国家公园中游览最好采用自驾游的方式，可以在附近租车；若没有熟悉路线的导游，一定要带好地图。

043

东非大裂谷

地球的"伤痕"

群峰上覆盖着茂密的原始森林，野花布满山坡；近处是广袤的草原，其间散落着翠绿的灌木丛，青草依依，花香弥漫，闪闪的波光耀人眼。

关键词：断裂带、野生动物　　**位置**：非洲东部
国别：坦桑尼亚、肯尼亚等国　**最佳旅游时间**：全年

东非大裂谷是世界上最大的断裂带，这一点毋庸置疑。从卫星图像上看它就好像地球上一道巨大的疤痕，当乘飞机穿越浩渺的印度洋进入东非大陆的赤道上空时，从窗口向下望去，你会看到一条巨大的裂谷地带横亘在眼前，顿时会感到大自然的伟大和神奇。这就是著名的"东非大裂谷"，亦称"东非大峡谷"或"东非大地沟"。这条峡谷长度相当于地球周长的1/6，气势宏伟，景色蔚为壮观，从过去到现在不知有多少人为此着迷。

东非大裂谷是一个水资源非常丰沛的地方，非洲大陆上最多的水源汇聚在这里，大大小小共有30多个湖泊，例如马加迪湖、坦噶尼喀湖、马拉维湖、图尔卡纳湖和阿贝湖等。这些裂谷带的湖泊，水的颜色是湛蓝的，十分辽阔壮美，形式千变万化，是旅游观光的胜地。湖区水量丰盛，滋养了湖泊旁边的土地，因此植被茂盛，也吸引来众多的野生动物，如大象、河马、非洲狮、犀牛、羚羊、狐狼、红鹤、秃鹫等。这里已经被坦桑尼亚和肯尼亚政府辟为野生动物自然保护区。位于肯尼亚峡谷纳库鲁近郊的纳库鲁湖，是一个鸟类资源丰富的湖泊，平常这里会有5万多只火烈鸟聚集，最多时可达15万只。每当成千上万只鸟儿组成大片的队伍整齐掠过那湛蓝的湖面时，翅膀有节奏地拍打出"哗啦啦"的奏鸣曲，远远观望一片霞红。

在东非大裂谷露出真面目之前，人们凭着超强的想象力，幻想那里是一条狭长的、阴暗的、狰狞的断裂带。但当你来到裂谷之后，你看到的远比想象的震撼：群峰上覆盖着茂密的原始森林，紫色的、淡黄色的小花儿遍布山坡；近处是广袤的草原，其间散落着翠绿的灌木丛，青草依依，花香弥漫，闪闪的波光耀人眼，仔细一看，原来是掩藏在青草深处的湖水；高处白云萦绕在山水之间，大裂谷底部平整坦荡，山涧幽芳，绿色葱茏，宛如人间仙境。那些美丽的湖泊，无疑是大裂谷中最耀眼的明珠。形容它们最好的词大概只有"完美"，这里湖、光、山、色无一不自在随意，恰到好处的人为痕迹犹如锦上添花，人

裂谷地带风景秀丽、雨量充沛、土地肥沃、森林茂密，具有非常显著的地貌特征

们将随手拈来的田园诗风格与自然风景糅合在一起，渗透般释放出柔和而深刻的华丽感。

千百年来，东非大裂谷这道美丽的"疤痕"从没有让到过这里的人失望，总是给人惊喜和感动。这也是一片未开垦的处女地，提醒着人们大裂谷自有它独特的美丽。

温馨提示

❶ 沿海地区是举世闻名的斯瓦希里烹饪的发源地，喜欢美食的游客切不可错过。

❷ 去肯尼亚的旅游者不用对讨价还价有所顾虑，这是非常正常的，很少会被认为是一种冒犯。

044

科罗拉多大峡谷

岩石刻就的书卷

不管你走过多少路，看过多少名山大川，你都会觉得这个大峡谷仿佛只存在于另一个世界，另一个星球。

关键词：奇峰异石、峭壁石柱、惊人杰作
国别：美国
位置：亚利桑那州西北部
最佳旅游时间：3月至8月

科罗拉多大峡谷是由科罗拉多河流经此地切割科罗拉多高原而形成的。峡谷全长446千米，平均谷深1600米，谷顶宽6～30千米，往下收缩成"V"字形，至谷底处宽度不足1000米，最窄处仅120米。科罗拉多河从谷底流过——这位孜孜不倦的雕刻大师日复一日、年复一年地工作，打造成这"地球上最美的伤痕"。由于长久以来，不同的岩石层在不同气候下被风化、被侵蚀，最终被雕琢成千姿百态的奇峰异石和峭壁石柱，形成了色彩缤纷的奇特地貌。伴随着天气变化，水光山色变幻多端，天然奇景蔚为壮观，使科罗拉多大峡谷备受大家的喜爱。

岩性、颜色不同的岩石层，被外力作用雕琢成千姿百态的奇峰异石和峭壁石柱

科罗拉多大峡谷是世界上最大的峡谷之一，它是在科罗拉多河长期奔流冲刷之下最终形成的惊人杰作。进入大峡谷，唯有震撼一词可以形容那一刻的心情。大峡谷极不规则，大致呈东西走向，峡谷南高北低。从谷底看谷壁，如刀削斧劈，气势宏伟。峡谷两岸都是红色的岩石断层，据当地人说，这里的岩石会随阳光强度的不同而改变自身的颜色，或深蓝、或棕色、或红色。

从突出的岩石上向下望去，如果不害怕，那么你会感觉到一种自由。当然，如果你两

○ 大峡谷岩石是一幅地质画卷，在阳光的照耀下魔幻般的色彩吸引了全世界无数的目光

  腿打战，还是不要去的好，安全第一。有些人尝试着从悬崖边上向下望，但是在临近悬崖2米远的地方就不敢前行了，因为风很大，一不小心就会滑落而粉身碎骨。

  亿万年来，大峡谷像一条桀骜不驯的巨蟒，匍匐于凯巴布高原之上。你会非常惊异这片土地怎么会被如此鬼斧神工地劈开，露出里面斑斓的层层断面。你会觉得似乎走到了世界的尽头，去往另一个世界，而孤单单地把原来的世界抛在了身后，灵魂与肉体都深感震撼。在穿越壮美无比的科罗拉多大峡谷时，人类所有的历史，还有永不停滞的时间似乎已经流逝，我们在这道鸿沟面前似乎只是一粒沙尘……

  电影《阿甘正传》中公路长跑的镜头就是在科罗拉多大峡谷的纪念谷中拍摄的，著名摄影家安塞尔·亚当斯的很多黑白佳作也都出自这里。

温馨提示

① 在夏季，最好在日出前出发徒步进入峡谷，上午10点至下午4点，峡谷内的温度明显高于顶部，最好不要徒步下到峡谷里面。

② 在公园内住宿或露营需要提前预订，在预订时要说明是在大峡谷北峡住宿还是在南峡住宿。

③ 因为少雨的缘故，峡谷内空气会较为干燥，最好准备一点保湿用品。

045

布赖斯峡谷
大自然的艺术天堂

布赖斯峡谷中那些直立的红色岩石就像站在碗形峡谷中的人群，令人惊叹不已。

关键词：怪石林立、色彩鲜艳
国别：美国
位置：犹他州南部
最佳旅游时间：全年

布赖斯峡谷以拥有形态怪异、颜色鲜艳的岩石而闻名

1875年，一个名叫埃比尼泽·布赖斯的人来到了科罗拉多河北岸的一片峡谷中，在这片被他称为"一个养不活一头牛的地狱"的地方建立起了一座牧场。虽然环境恶劣，生活艰难，但布赖斯还是坚持了下来，因为他发现这个峡谷本身就是个奇迹。这里虽然没有

◉ 岩石所含的金属成分给一座座岩塔添上了奇异的色彩

平坦的长满鲜草的牧地，也不能作为种植庄稼的良田，但这里有令人震撼的美，那种让灵魂都感到颤抖的景色，让他深深地爱上了这片荒芜的土地。后来，人们以他的名字来命名这个大峡谷，将其称作"布赖斯峡谷"，并将峡谷的美景印在邮票之上。

1924年，这里成为美国著名的国家公园之一，并以怪石林立、色彩鲜艳而扬名。自从布赖斯发现这个美丽的峡谷，100多年过去了，越来越多的人慕名来到这里，欣赏这令人灵魂都感到颤抖的美景。看到它的人，无不为它的瑰丽、神奇而惊叹，他们感叹大自然的神奇力量，也感叹布赖斯的运气，竟然发现了这么一座巨大的"艺术天堂"。

整个峡谷内有14条深达305米的山谷，山谷中的岩石经受了数千年风霜雨雪的侵蚀，呈现出各种各样的怪状：有些地方土柱、石柱林立，如同茂密的森林；有些地方土丘连绵，如同规模庞大的城堡群；有些地方则布满了各种形状的奇石，或如狮、虎、象、熊等动物，或如松、柏、杨、柳等树木，更有的仿佛舞会中正在狂欢的人群……有人曾这样形容它的景观："直立的红色岩石就像站在一碗形峡谷中的人群，令人惊叹不已。"

这里的岩石在风雪的打磨下，土石中积累了很多矿物质，呈现出深浅不同、光泽各异的色彩。在这里你可以看到红色、淡红色、黄色、淡黄色等60多种不同的颜色，每当阳光照射之时光彩变幻，流光溢彩，极为悦目。

若是冬天来到这里，你会受到更大的震撼。这个时候的布赖斯峡谷简直就是一处仙境，成千上万根红色和橙色的岩柱上覆盖着皑皑白雪，如同童话故事中的冰雪王国。游客可以沿着观景车道驱车前往游览这里的冬季胜景。各式各样的小路从陡峭的峡谷底部向上延伸，像塔一般直上青云。滑雪者可以穿梭于熊果树、矮松和美国黄松之间，沿着峡谷边缘飞驰，大胆的游客还可以沿着陡峭的小路向下到达谷底，从下面仰望那些高高的彩色石柱。

◉ 岩柱的形貌如此奇特，就像住在幻想世界的居民

这些奇形怪状的岩石和色彩鲜艳的土丘只能算是小美，微观的美。如果你从远处看或从高空俯瞰，就会发现整个峡谷的壮丽，你会被那种迎面而来的宏伟的色彩浪潮淹没。远远望去，高原仿佛有连续的5个大台阶，人们形象地将它们依次命名为巧克力崖、朱崖、白崖、灰崖、粉崖，它们一层层上升，露出30亿年的彩色沉积层。科罗拉多河和支流嬉戏着把大地打开，把它最久远的秘密呈现出来，置于充足的阳光下炫耀。台地的边缘被销蚀成粉色石林，群群簇簇，千形百状，伸展出去竟有数十千米，十分壮观。

美丽的布赖斯峡谷就是这样，无论从上、从下、从远、从近、从微观还是从宏观看，都透着震撼人心的美，让人久久沉浸在幻想的世界中不能自拔。

> **温馨提示**
>
> ❶ 布赖斯国家公园中有些风化严重的景点可能存在岩石坠落等危险，游人一定要按照公园引导游览景点，不可乱跑，以防发生危险。
>
> ❷ 通往谷上谷下的小径大多铺设在沟壑边缘，游人攀上攀下时应小心谨慎，尤其是冬季下过雪后，注意防止滑倒。

第三章 鬼斧神工的大自然的杰作

115

阿尔卑斯山脉
和雪的约会

一座座两层或三层的木结构小楼在绿草上宁静地享受阳光雨露的爱抚,如绿色海洋中浮起的岛屿。

关键词:天然水库、勃朗峰、滑雪
国别:法国、瑞士等
位置:欧洲中南部
最佳旅游时间:全年

绽放的鲜花为山脉带来许多生机

阿尔卑斯山脉位于欧洲中南部,蜿蜒崎岖横跨整个欧洲,是欧洲最高的山脉。阿尔卑斯山脉还是欧洲巨大的天然水库,欧洲许多大河如多瑙河、莱茵河、波河、罗讷河等均发源于此。

阿尔卑斯山脉景色十分迷人,是世界著名的旅游胜地,被称为"大自然的宫殿"和"真正的地貌陈列馆"。这里还是冰雪运动的胜地、探险者的乐园。

来到阿尔卑斯山脉,就一定要登勃朗峰,它是阿尔卑斯山脉的最高峰。如果要登勃朗峰,山脚下的霞慕尼小镇是最佳起点。这里拥有全欧洲最高的缆车站,游客来霞慕尼如果未搭乘缆车,那么未免有入宝山而空手回的遗憾。3000米的垂直高度乘坐缆车只需要20分钟就可以到达。

勃朗峰观景台稳固地坐落在峰顶,分几层向各个方向延伸,游人可以有更宽阔的视野去从不同角度感受勃朗峰,欣赏山上的风景。皑皑白雪,层层白云,似乎连呼吸的空气都是美丽的。开阔的视野,也会使人的胸怀变得宽广。整个人精神焕发,神清气爽。在这里可以很清楚地看到勃朗峰的全貌,四周的高山如众星捧月般衬托着它。峰顶完全被白雪覆盖。站在峰顶,一切都踩在脚下,这时你突然会生出这样一

来阿尔卑斯山脉滑雪，是一项既新鲜又刺激的挑战

种感觉：不是我征服了大山，而是大山征服了我，我只不过离大山更近了而已。

从山上下来，可以在霞慕尼小镇歇息。如果你喜欢滑雪的话，千万不能错过，霞慕尼有不同陡坡的雪道。不管你是新手还是高手，在霞慕尼，所有的滑雪爱好者都有无尽的选择。冬天的霞慕尼就是这样的美妙，雪景辽阔壮丽，让人跃跃欲试。

夏季，霞慕尼可以提供各种夏季的山上娱乐活动。你可以徒手攀爬勃朗峰，也可以在山腰漫步，领略引人入胜的山峰与冰川，牵引索道在整个夏天开放，还有其他各种活动以满足所有人的需要。

霞慕尼小镇有许多商店，在这里可以买到世界顶级的登山攀岩装备。小镇上的数百家商店营业时间普遍很长，即使是淡季的周末也照常营业。对喜爱登山攀爬的游人而言，这里无疑是他们的"世外桃源"。

如果工作太忙，那就想办法挤出一些时间。登山，不仅是一项运动，也是放飞心灵、开阔胸怀、释放工作压力的好方式。

> **温馨提示**
>
> ❶ 滑雪最佳的时间在3月，此时当地还会举行多种滑雪盛会。
>
> ❷ 阿尔卑斯山区，出产世界上最好的奶酪、香肠和火腿，也是"餐桌上的钻石"松露的原产地，不容错过。

贡嘎山

瑶池仙境

> 雪山脚下，冰川清澈透亮，展现地理奇观，又造就了蜀地宛如香格里拉的人间仙境。

关键词：蜀山之王、奇丽
国别：中国
位置：四川省甘孜藏族自治州
最佳旅游时间：5月、6月

陡峭挺拔的山体，直插云霄，格外壮美

"蜀道难，难于上青天……尔来四万八千岁，不与秦塞通人烟。"这是诗仙李白描写蜀山的诗篇。但是李白只顾感慨山的险峻、峭拔，却忘记了赞颂"蜀山之王"贡嘎山的奇丽与庄重。

贡嘎山位于川藏交界处，主峰海拔7556米，是闻名世界的横断山系第一高峰。在藏语中，"贡"是雪，"嘎"是白，其意思就是"洁白的雪峰"。贡嘎山主峰周围林立着145座冰峰，群山连绵起伏、险峰簇拥、白雪皑皑，是雪域高原上的神山，被视作世界第一高峰——珠穆朗玛峰的妹妹。多年以来，贡嘎山与海螺沟隐秘在高原之上，蒙着神秘的面纱，不为世人所熟知。

贡嘎山区是现代冰川较为完整的地区，以罕见的冰川奇观闻名于世。由于冰川运动，形成了冰川弧、冰川断层和冰塔、冰桥、冰川石蘑菇、冰城门等，它们造型奇异，或优雅，或怪异，或雄壮，气势磅礴，令人不得不赞叹大自然的鬼斧神工。冰川内凌空挂起的大冰瀑布由无数巨大的冰块组成，其落差很大，巨型冰瀑布横挂天空，似乎奔腾咆哮的河水在一刹那被神力冻结，雄伟壮观，气势恢宏，令人望而生畏，堪称奇迹。当冰体崩裂的时候，冰体间的摩擦会产生放电的现象，山谷轰鸣，动人心魄。

连绵起伏的贡嘎山，被誉为雪域高原上的神山

贡嘎山的一大奇特之处在于它的生态和气候都呈现出显著的垂直变化，相对落差达到6千多米，因此产生了"山顶白雪皑皑，山腰树木稀疏，山脚鲜花烂漫"的独特景观。在山脚下，气候温和，植被繁茂，山腰红叶纷飞，比起香山还要略胜一筹，而到了山顶却是一片银装素裹的严冬景象。各种植物之间层次如此鲜明，一路攀爬可以领略一年四季的变化，是世界上罕见的生态奇观。景区内还点缀着10个高原湖泊，著名的有木格措、五须海、人中海、巴旺海等，它们或在冰川脚下，或为森林环抱，水色清澈透明，保持着原始、秀丽的自然风貌，仿佛"瑶池仙境"。

贡嘎山不仅是旅游观光的地方，更是国际上享有盛名的高山探险和登山胜地。因山峰发育为锥状大角峰，周围绕以60°～70°的峭壁，攀登困难。1932年，美国探险队攀登成功。中国登山队于1957年6月到达峰顶。

人人都在寻找自己心中最美的风景，相信来到这里，你会认为这是最美的地方，游览完，你也一定会从心底爱上这里。

温馨提示

❶ 到贡嘎山登山，一定要做好充分的准备工作，贡嘎登顶难度极大，不适合业余登山者尝试。

❷ 到达上木居后一定要住一晚，一是要找好马匹，二是要适应高山缺氧环境。

❸ 磨西镇是住宿集中地，有不少宾馆和温泉疗养中心。

敦煌鸣沙山

沙与水的守望

听沙漠的声音，沙沙作响，弹奏爱的乐章，置身于此，如临陶渊明的世外桃源，恍如仙境。

关键词：月牙泉、沙峰
国别：中国
位置：甘肃省敦煌市
最佳旅游时间：5月至10月

没有到过沙漠的人，不知道沙漠可以来得那样突然。初看起来，敦煌市区与其他小城没有区别，绿树成荫。然而就在这条往南的公路尽头就有巨大的沙丘耸立，好像瞬间可以吞没这个小城。敦煌鸣沙山因为其历史文化的久远和景区特色成为中国鸣沙山中最有代表性的一个，也是最为人所熟知的一个。

"洗心月牙泉，怡情鸣沙山。"只要来过敦煌大漠戈壁的游人，都会发出这样的感叹。鸣沙山和月牙泉这对孪生姐妹，吸引着众多游客。他们在山顶俯瞰，会被鸣沙山的灵动所折服；他们在泉边漫步，又会被月牙泉的清秀所迷醉。

鸣沙山是一座由红色、白色、黑色、黄色、蓝色五种颜色的细沙聚积而成的沙山，远远看去，色彩斑斓，晶莹透亮。这些细沙构成形态各异的沙峰：有的弯弯如月牙儿，有的蜿蜒盘旋似蟒蛇，有的高耸像金字塔，还有的排列整齐如鱼鳞。

在阳光的照射下，这些沙峰此起彼伏，明暗相间，散发出灿灿的金光，仿佛是一座金山，巍峨壮观。没有鸣沙时，它像娴静的少女，又像柔软的绸缎；一旦鸣沙声响起，便如雷鸣号角之声叱咤苍穹。若是数人一起滑下，鸣沙声大如万马奔腾，铿锵激昂；如果抓一把沙子扬起，那鸣沙之声细柔若琴笛，余音袅袅。

鸣沙山早在汉代就很有名，当时名为沙角山、神沙山，到了晋代才被改为鸣沙山。站在远处眺望，鸣沙山犹如一片大海，一道道沙峰便是大海里汹涌澎湃的波浪，有着无比磅礴的气势。而随着风起形成的沙浪，便似大海里的轻波荡漾。它们时而湍湍奔流，时而潺潺细流，时而旋转涡回，细细观赏，真是妙不可言。

随着鸣沙声在耳边响起，如擂响金鼓，如拉起管弦，声声不绝于耳。此时置身于沙海里，只觉得心胸开朗，天地开阔，世界如此纯净和坦然！

很多人从鸣沙山往下滑时会产生轰隆的声音。传说在汉代时，汉军和匈奴交战，大风

站在沙海中，天地豁然开朗，心胸顿时开阔

突起，漫天黄沙将两军的人马埋入沙中，如今的响声就是两军的喊杀声和战马的嘶鸣声。其实这种响声是沙石相互摩擦撞击发出的声音。有人将其誉为"天地间的奇响，自然中美妙的乐章"，可见鸣沙山的迷人之处。鸣沙山下不远处，有一泉，形同一枚弯月，周围黄沙浩浩，虎视狼逼，千百年来却不为其所灭，实在叫人惊叹不已。在这里你将欣赏一处举世无双的奇观，感受一段美丽如诗的传说，聆听战马嘶鸣般的鸣沙声。

> **温馨提示**
>
> ❶ 鸣沙山的日落非常漂亮，游览时间最好选在夏季黄昏。
> ❷ 这里的紫外线超强，任何时候去都需要注意防晒、防紫外线。

第三章 鬼斧神工的大自然的杰作

乞力马扎罗山

闪闪发光的山

从远处望去,蓝色的山脊赏心悦目,而白雪皑皑的山顶似乎在空中盘旋,给人以极大的震撼。

关键词:热带雨林、白雪皑皑、无比神圣
国别:坦桑尼亚
位置:坦桑尼亚东北部及东非大裂谷以南
最佳旅游时间:全年

白雪皑皑,云雾缭绕,乞力马扎罗山充满神奇莫测的气氛

乞力马扎罗山是一个自然保护区,它的气候变化很大,从赤道气候一直到极地气候:山脚是热带雨林,海拔1000~2000米为亚热带常绿阔叶林带,2000~3000米为温带森林带,3000~4000米为高山草甸带,4000~5200米为高山寒漠带,5200米以上为积

雪冰川带。远观乞力马扎罗山，就像一位扎着腰带裙摆飘舞的少女，而且这位少女拥有一顶举世无双的白色帽子。这个戴着帽子的雪峰高耸在坦桑尼亚北部平缓连绵的山丘和高地上，它的斜坡和冰河在高高的云层间闪闪发光。山脉大多数地区是农田，种有咖啡、香蕉、木薯以及用来维持生活和经济收入的玉米。

站在山脚仰望，山麓四周的莽原上，鸵鸟、长颈鹿、非洲象、犀牛、斑马等热带野生动物以及稀有的大角斑羚、阿拉伯羚等在那里悠闲地生活着，蒙蒙的云雾和大片的森林变成了乞力马扎罗山的神秘面纱。虽然气温一直徘徊在30℃，但依然能够体会到一种酣畅淋漓和壮阔豪情。在海拔1000米以上，温度慢慢地降下来，变得更加潮湿，但是植被也变得更加丰富，肥沃的火山灰土壤赋予了这些植被更加旺盛的生命力，因此也被称为"草原之帆"。在斯瓦希里语中，乞力马扎罗山被译为"闪闪发光的山"。在酷热的日子里，从远处望去，蓝色的山脊赏心悦目，而白雪皑皑的山顶似乎在空中盘旋，让人感到无比震撼。

1936年海明威发表了小说《乞力马扎罗的雪》，让人们把目光齐聚在这座神奇的山上。过去的几个世纪，乞力马扎罗山一直都存在人们的想象中，那时没有人真的相信在赤道附近会有一座覆盖着皑皑白雪的山。海明威以其亲身经历证实了乞力马扎罗山的存在。同时，乞力马扎罗山也成全了他小说独特的艺术风格，由此海明威式小说惊动了世界文坛。在坦桑尼亚人的心目中，乞力马扎罗山无比神圣。直到现在，还有很多部族每年都要在山脚下举办传统的祭祀活动，祭拜山神，祈求平安。

○ 黄昏时分，登山者正在欣赏山下的景色

> **温馨提示**
>
> ❶ 攀登乞力马扎罗山需从坦桑尼亚国家公园出发，建议乘坐越野车去国家公园。
>
> ❷ 爬山时，太阳镜、防晒霜和润唇膏是必不可少的。

梅里雪山

雪山之神

> 所有赞美的词汇，在它的面前都显得肤浅……

关键词：第一高峰、雪山之神
国别：中国
位置：云南省迪庆藏族自治州
最佳旅游时间：10月至次年5月

梅里雪山自古以来就是藏族人民心目中的一座神山。绵延数百里的雪峰，孕育了传奇与神秘的传说，它以巍峨的姿态在天地间高高耸立。

主峰卡瓦格博海拔6740米，是云南的第一高峰，被称为"雪山之神"。相传它是九头十八臂的煞神，后被莲花生大师点化，皈依佛门，成为格萨尔王麾下的神将，统领边疆，守卫雪域高原。卡瓦格博神像常常被供奉在神坛之上，是藏族人民心中伟大的保护神。

梅里雪山耸立蓝天之下、白云之上，形状如同一座白色的金字塔，圣洁、孤傲、巍峨、壮观。这是一座需要人们虔诚崇拜的雪山。即使你对佛教没有太多的了解，即使你不相信命运轮回，但当你站在它的面前，看到这座高贵优雅的雪山，想想自己的渺小时，便不由自主地生出敬畏之心。

最美莫过于天空晴朗的时候，清远高洁的天空，映衬着雄伟巍峨的雪峰，山体自上而下色彩分明。山顶上白雪皑皑，银装素裹；山腰上绿树成荫，秋意浓浓；山脚下则山花烂漫，蜂飞蝶舞。底层颜色杂乱、中层颜色黯淡、高层则耀眼，卡瓦格博白色的光芒从云间穿梭而过，在广阔的空间划出一道明亮的线条。

有时，梅里雪山还会出现"破天"的奇观：湛蓝的天空下，卡瓦格博峰巍峨耸立，四周洁净，仿佛天地间只有它的存在，山尖云雾缭绕，卡瓦格博峰就像是一把宝剑直指苍穹。这时天空就会出现一个白色的旋涡，不知是天空在吸收雪山的灵气还是把灵气灌输给雪山，十分奇特。在晴朗的天空下，一览无余地欣赏卡瓦格博峰身姿的机会是不常有的。更多的时候，它隐于云雾之中，整个雪峰朦朦胧胧，虚无缥缈，眼前的世界，一片苍茫。

霞光普照，梅里雪山在金光的映照下犹如巨龙般金光闪闪，蜿蜒而去，煞是壮观。

梅里雪山是佛教徒朝觐的圣地，沿途所有的景物都具有灵性，它会指引人们到达圣

雪山下汉白玉雕成的三座白塔直指苍穹

山、保佑人们心想事成。因此在转经路上，随处可见虔诚的朝拜者，他们"双手合并置于头顶，手印置于喉际，再置于心际，俯身双手着地，向前平伸推出"。他们口念箴言，一步一叩首地绕山前行，山上风大，他们甚至要紧紧地贴在地上，躲避风雪，但却从来没有停下过前行的脚步。每年秋末冬初，成千上万的藏族民众进山朝拜，场面之壮观、感情之真挚，足以让人热泪盈眶。满山的人群、五彩的经幡、遍地的印迹，都在精神的世界里凝为永恒。

虽然梅里雪山的旅游基础设施还不是很完善，但每年到这里探秘的人数以万计，这其中的艰辛可想而知。梅里雪山是自然造化赐予人们的福地，它默默无言却庄重威严，这里的一花一草都折射着雪山的暗示。如果有一天，生活的苦难、尘世的喧嚣压得你不得喘息，不妨走进梅里雪山，它会带给你慰藉，让你重拾勇气和信心。

温馨提示

❶ 租马游览雪山是很不错的，人多时能够组成一个马帮，很有意思。
❷ 梅里雪山海拔较高，可以提前吃预防高原反应的药物或服用携氧片。
❸ 藏族人热情好客，在藏族人家里住宿，晚上可以很近地看到月亮和星星，欣赏宁静悠远的星空。

玉龙雪山

心灵的守望

关键词：秀美异常、动人心魄

国别：中国

位置：云南省丽江市玉龙纳西族自治县

最佳旅游时间：冬季

"郡北无双岳，南滇第一峰。四时光皎洁，万古势龙从。绝顶星河转，危巅日月通。寒威千里望，玉立雪山崇。"这首诗描写的正是玉龙雪山。

雪山上白茫茫一片，晶莹剔透，如水晶镶嵌在山上一般

千年的积雪，见证着炽热的爱情；神秘的洁白，刻下心灵深处的记忆。你看它一眼，便足以倾尽一生对它魂牵梦绕。它是执着的，最接近太阳，却终年身披白雪；它是神秘的，即使望穿秋水也望不到它内心的洁白。

玉龙雪山披着厚厚的白雪走过了千古岁月，阳光对其也望而却步。难道真如传说一

在观景台上，可近距离感受玉龙雪山的威严之姿

样，它是纳西族"三朵神"的化身，是一位骑白马、穿白甲、执白矛的战神，终年守卫、保护着纳西族人？

玉龙雪山险而奇，主峰扇子陡，海拔5596米，是北半球纬度最低、海拔最高的山峰。从远处看，它既像是竖立的银铧，又像是一把展开的折扇，气势磅礴，秀丽挺拔。13座雪峰如同13把利刃，直插云霄，又如正在飞舞的巨龙，奔腾回旋，让人望而却步。山顶永不消逝的积雪让它看起来气势磅礴、危不可攀。攀登玉龙雪山需要足够的勇气和坚韧的精神，它自带着极致的诱惑，让人难以抗拒。雪山由玄武岩与石灰岩组成，山体呈青黑色，与山巅的白雪对照鲜明，一黑一白，庄重威严。

玉龙雪山秀美异常，那永恒的白色，苍茫而又神秘。这座山不仅白得透彻，造型也玲珑有致，在阳光的照耀下，如同晶莹皎洁的玉石，动人心魄。晴空万里之时，群峰晶莹灿烂；云雾弥漫之际，雪山隐于其间，若隐若现。即使在一天之内，它也不断地变幻身姿。清晨，第一缕曙光才刚刚唤醒沉睡的人们，峰顶早已铺满了霞光；太阳升起，在阳光的照耀下，雪山闪着银光；夕阳西下，柔和的光线给山体披上轻柔的红纱；月光皎洁，雪山似躲进帐中，渐渐进入梦乡。这诗一般的华美让人浮想联翩，想琢磨，却又无从下手。

第三章 鬼斧神工的大自然的杰作

127

冰舌部分的冰塔林，像一把把刀戟直刺苍穹

　　雪山的秀美还在于其山麓上生长着最美最悦目的花儿，漫山的白雪上开满的鲜花足以让人震惊到无以复加的地步。山茶、兰花、百合应有尽有，但最让人称奇的还是杜鹃。这些耐寒的小花，毫不吝啬地把自己的美展示出来。红得夺目、紫得神秘、白得耀眼，争奇斗艳，漫山遍野。观赏之余，体会怒放的快乐。

　　美景向来和爱情有关，玉龙雪山的美景同样承载着爱情。玉龙雪山是神灵居住的地方，云杉坪则是殉情人的归属。在封建专制的黑暗年代，那些相亲相爱却无法结合的男女总会选择云杉坪最美的地方，双双殉情在玉龙雪山的怀抱。他们相信灵魂会飞升到天堂，继而相爱永不分开。

　　玉龙雪山的美是多种多样的，集险、奇、秀、美于一身，逢阳光普照，云雾升腾，便会有彩虹出现，美若天上仙境。它还是动植物的宝库，雪豹、大小灵猫、穿山甲都可在这里寻到它们的踪迹，报春、兰花、杜鹃种类繁多，冰川秀丽，美不胜收。不管什么时间来，它都以最美好的一面迎接远客，同时它那神秘与美丽，也足以让人回想眷恋。

温馨提示

① 玉龙雪山的旅游索道比较紧张，可在丽江古城提前买好第二天的索道票，以防手忙脚乱。

② 雪山温度低，应尽量保暖，没有带厚衣服也不要紧，山上可以租羽绒服。

③ 高原反应强烈的人，可以租氧气瓶，也可提前服用红景天，做好预防措施。

052

石林
有生命的岩石

关键词：怪石、飞瀑　　位置：云南省昆明市
国别：中国　　　　　　最佳时间：全年

这里的石头会"发芽"，长成千万株树木，汇成广阔的森林；这里的石头会"开花"，开出的花色彩鲜艳，组成世上最美的花园。

最早看到昆明石林，是在烟盒上，白色的盒纸上，寥寥几笔淡墨，一处充满诗情画意的石林就展现在人们的面前。总觉得这仅仅存在于艺术当中，可一旦真的见到了昆明石林，你就会从心里惊叹大自然的伟大，感慨造化竟然是如此神奇！那山、那石、那水、那雾都是那么秀丽、那么幽奇，仿佛它们真的从水墨画中出来，还带着书画般的淡淡墨香。

古人有诗云"此景只应天上有"，昆明石林便是这样一处本应天上才有的奇观。亿万年前的地壳运动在这里留下了壮丽的足迹，也就是这连绵无际的怪石景观。这是一座名副其实的由岩石组成的"森林"。穿行其间，但见怪石林立，突兀峥嵘，姿态各异。无数的石峰、石柱、石笋、石芽或是孤立，或是丛生，如参天巨杉，如簇簇灌木，如婀娜杨柳，如古怪松柏。加之流水潺潺，地势起伏多变，石林中形成了集奇石、瀑布、湖泊、溶洞、峰丛和丘陵于一身的千姿百态的自然奇观。也正是因为这样，它和吉林雾凇、长江三峡、桂林山水并列为中国四大自然奇观。

石头，总是给人一种冷峻、生硬、呆板的感觉，然而在昆明石林中完全不是这样，这里的石头仿佛有了灵性，有了生命，它们不仅"活了过来"，而且生机勃勃。有人说这里的石头会发芽，长成千万株树木，汇成广阔的森林；这里的石头会开花，开出的花色彩鲜艳，组成世上最美的花园。的确，当你看到石林时，你会觉得它是有生命的，你会相信那些怪石在夜深人静的时候一定也会像旁边的树木一样努力地生长。

走在石林之间，目光所到之处，全是鲜活的生命。手持长矛的卫兵、没有胳臂的维纳斯、枝头婉转鸣叫的杜鹃、水中自由游弋的鲨鱼、抚摸自己胡子的老人、怀抱爱子的母亲、昂首迈步的大象、迎风翱翔的雄鹰……

那些神奇的石头错落有致地站在那里，炫耀着大自然赋予的灵气，你会怀疑它们是否原本就是一个个鲜活的生命，不知道是谁将它们施了魔法，永远停留在这一刻。那一头头

> 灰黑色的石柱直插云天，震撼天际

野象、一群群雄狮、一只只秃鹫仿佛随时都能醒来。那阳光下盛开的花朵、草地上突兀的白莲、树上结着的一串串牡丹，红英映日，绿荨蔽天，让人宛如在梦中游荡。

可以说石林就是一座巨大的自然石景艺术宝库，只要你有想象力，在这里你什么都能找到。林内峰回路转，曲径通幽，移步易景，使人如入迷宫仙境，游者莫不流连忘返，赞不绝口。景区内还建有狮子亭、望峰亭、石台、石凳等供人小憩。各种当地风味小吃、民族歌舞、民俗艺术品也都具有较高的欣赏价值和文化内涵，让人乐而忘返。

温馨提示

1. 昆明昼夜温差很大。在春、冬两季，甚至可以达到20℃，所以来石林旅游一定要记得"饱带干粮，热带衣裳"。
2. 昆明白天的日照较强，最好带上防晒霜和太阳镜。还应该多喝水，多吃水果，防止脱水。
3. 可以从距石林6000米的"石航"乘直升机鸟瞰石林景观，别有一番情趣。

053

五堡魔鬼城
西域第一魔鬼城

晚风吹来，幽森的魔鬼城中传来无数哭号，那些奇形怪状的土丘，在月色之中显得更加诡异，更加神秘了。它们仿佛是来自地狱的怪物，忽然间凝固于此处，给人们留下无尽的谜团。

关键词：雅丹地貌、土丘、神奇传说

国别：中国
位置：新疆维吾尔自治区哈密市
最佳旅游时间：7月至10月

斑驳破碎的土柱，在阳光下投射出长长的影子

亿万年的风蚀在新疆形成了众多雅丹地貌，也创造了多处魔鬼城特有的景观，最著名的有乌尔禾、柯尔克孜、奇台和哈密五堡等处。其中哈密五堡魔鬼城尤为奇特瑰丽，被誉为"西域第一魔鬼城"。

◎ 五堡魔鬼城，像个被施了魔法的城市，充满神秘感

  魔鬼城就位于哈密市五堡乡以南20多千米处，汽车沿着公路飞驰，村庄和戈壁飞速远去。忽然车速变慢，驶入了一条早已干涸的古河道，不久就望到一片高丘矗立在沙漠峡谷之间。在夕阳中这些高高的土柱呈现出迷人的橘红色，如同金色宫殿损毁后留下的断壁残垣，又仿佛海市蜃楼，若隐若现，远远地就让人感到那里充满神奇。

  站在魔鬼城前，禁不住向其中窥去，其间各种形状的土丘、土柱森森林立，在夕阳下抛出长长的影子，越向内越显得幽暗神秘。晚风吹过，其中传来"鬼声"阵阵——或如弃妇轻轻啜泣，哀伤中饱含幽怨；或如死士悲鸣，苍凉里透出绝望；或如羁客哀叹，无奈中夹杂着深深的乡愁；有时似万马奔腾，军旗猎猎；有时似山泉汩汩，让人想到古战场流淌的鲜血，不觉毛发竖起，心底生寒……

  魔鬼城里见不到一丝绿色，偶尔几丛干黄的骆驼刺或红柳都带着说不出的冷寂和苍凉。橘红色的土包起伏，当地人曾传说这是地狱中泛着波浪的血海，观者皆不寒而栗。干涸的泥地面卷起千万朵泥鳞，似乎在告诉人们，这儿曾经也满是清澈的湖水，也曾有过生机勃勃的时刻。

  被风蚀得斑驳破碎的土柱，星罗棋布地分布在浩瀚的黄沙之上。置身其中，仿佛到了一个巨大的迷宫，看着阴森森的土丘影子，真怕忽然从哪里冒出个牛头人身的怪物。这里的"泥像"鬼斧神工，十分逼真，仿佛大自然正在创造着一个新的世界。最引人注目的是

从远处看，魔鬼城如同一座被石化的城堡

　　那形如巨龟的土丘，它昂着头，仿佛在向上天倾诉、乞求。传说，千万年前此地曾有一片碧波荡漾的大海，忽然一只神龟来到海中，它吸光了海水，将这片碧波变为茫茫黄沙，无数动物饥渴而死，人们背井离乡，场面惨不忍睹。王母娘娘在天宫中听到了人间的呼号，勃然大怒，将这只危害人间的巨龟变为一座巨大的土丘。如今，在沙漠中羁押了千万年的神龟，仿佛每日都在向空中祈祷，希望得到宽恕。在一片延绵如城墙的土丘豁口处，两根土柱默默静立。传说此处曾有一座繁华的城市，由于城中居民骄奢淫逸触犯上苍，遂化为现在的魔鬼城，而这两根土柱就是曾经守卫在城市门口的将士。其他如"狮身人面像""蘑菇林""塔林""神女峰"等各处景色都十分瑰奇，都有着不同的神奇传说。

　　夜幕降临，一川月色，魔鬼城更透出森森"鬼气"，让人觉得那些传说中被石化的神兽和鬼怪随时都会醒来。也许大漠深处真的存在一个在月光中才会苏醒的古代城市……

> **温馨提示**
>
> ❶ 若想尽情观赏城中景色，最好带足食物、饮水、帐篷等在其中露营，魔鬼城最瑰丽的时候就是傍晚、深夜、黎明。
>
> ❷ 魔鬼城中早晚温差较大，露营注意预防感冒，即使在盛夏也最好带齐毛衣等保暖衣物。

乌尔禾魔鬼城

地狱之音

每当夜幕降临，魔鬼城中那些诡怪的土丘就仿佛伴着月光醒来，森森鬼影，阵阵鬼号，如临刑前的哀吼，如含冤的悲泣，夹杂着说不出的怨恨和不甘，让人心惊胆战。

关键词：壮观、千奇百怪
国别：中国
位置：新疆维吾尔自治区准噶尔盆地佳木河下游
最佳旅游时间：8月至10月

来到乌尔禾魔鬼城的人无不为它的壮观、雄伟而震撼，无不对大自然的鬼斧神工而钦佩不已。这里到处是奇形怪状的土丘，高的有十几米，穿空而立；低的只有一两米，远望如连绵坟包，让人心底生寒。若是到了夜晚，大风吹过，魔鬼城深处呜呜作响，如鬼哭狼嚎，听者无不战战兢兢，冷汗浃背。

传说，此处曾有一座城市，城市里物产丰富，山清水秀。这里的男人英俊健壮，女人美丽善良，过着衣食无忧的生活。然而随着财富的增加，安逸的生活摧毁了他们的信仰。这里的人不再信奉神灵，神殿被荒弃，寺庙被拆毁，到处都是红楼绿馆，到处都是管奏箫鸣。邪恶在人心中滋生，富人越来越贪婪，变得为富不仁；穷人越来越贫穷。人们心中只剩下钱财和权力，尔虞我诈，钩心斗角。天神为了拯救他们，变成一个旅人到城中传播教义，可是城里的人对他只有嘲笑和讥讽，更有人想谋财害命。天神一怒之下将这座城市变成了黄土废墟，城中的所有人都被埋在废墟之下。每到夜晚，他们的亡魂就在城堡内哀号，希望上天能听到他们的忏悔，再给他们一次机会。

走进魔鬼城中，脚下干涸的土地裂开深深的缝隙，路旁的土丘被风蚀得斑驳破碎，寸草不生，看不到一丝绿色。除了隐隐传来的"哭号"，几乎听不到任何生命的声音。那些山丘被巨风吹成各种形状，有的像高耸入云的佛塔，有的像巍峨的天坛，有的像伸鼻嘶鸣的大象，有的像一弯立在地上的月牙，有的如神龟启首，有的如苍鹰扑兔……这些诡异的景观吸引了无数摄影家和画家前来取景，著名电影《卧虎藏龙》就曾在此进行拍摄。

因为地处风口，乌尔禾魔鬼城中一年四季狂风不断，最大风力可达12级。正是这样的强风造就了魔鬼城多姿多彩的外貌，让这里的土丘变得千奇百怪，让这里经常涌起鬼哭狼嚎。从远处看，整个魔鬼城如同巨大的城堡群，大大小小的城堡星罗棋布，参差错落。那些古堡上危台高耸，垛堞分明，亭台楼榭点缀其中，风雨斑蚀的痕迹，如同精工巧匠细

◎ 夕阳下，魔鬼城千姿百态，绚丽多彩，形成了一个梦幻般的迷宫世界

心雕刻的图画，演绎着各种离奇古怪的故事，令人浮想联翩。在起伏的山坡上，血红、湛蓝、洁白、橙黄的各色石子，宛如魔女遗珠，更增添了魔鬼城的神秘色彩。若遇月色萧索的夜晚，整个魔鬼城鬼影森森，鬼吼阵阵，仿佛无数冤鬼在地狱中咆哮不休。空中云朵飘过，城中时暗时明，再大胆的人也忍不住两腿发颤，想掉头逃走。

魔鬼城西侧数条山岭黝黑油亮，人们说是地狱中的黑水河变化而成的，其实，这是我国少有的天然沥青矿，已经被勘探开发。不远处还有高高的油井刺向天空，这些和萧瑟的乌尔禾魔鬼城形成鲜明的对比，变成了魔鬼城旁一条新的风景线。

> **温馨提示**
>
> ❶ 景区大门外有一个餐厅，也出售纪念品，不过用餐或购物都很贵，可以前往乌尔禾区或者克拉玛依市区用餐。
>
> ❷ 克拉玛依附近日照强烈，且风沙较大，最好准备墨镜、头巾、遮阳帽等防晒防尘装备。
>
> ❸ 在魔鬼城景区外也能看到里面的雅丹地貌，如果赶时间或者想远拍，也可以不进景区而只在外部拍摄。

055

马里亚纳海沟
地球最深的地方

> 如果把世界最高的珠穆朗玛峰放在沟底，顶峰将不会看见天日。

关键词：不见天日、霸王章
位置：马里亚纳群岛附近的太平洋底
国别：无
最佳旅游时间：全年

潜水者探秘沟底世界

我们知道在世界最高点的珠穆朗玛峰上有关于雪人的传说，那么在地球的最深处又会有怎样的故事呢？是不是会有美人鱼存在？目前还没有任何迹象表明海沟底部有生命存在，甚至很长时间以来人们都认为大洋深处是一片平坦、无生命、多泥泞的土地。随着探险队的深入探险，大洋底的很多情况也越来越清楚了。其实海洋底部是不平的，而且有各种生物活动。

深海的环境非常特殊，在沉静、黑暗、寒冷与高压的环境下，是没有植物生存的，而只生活着一些特殊的动物。它们的身体有着奇特的结构，海水可以渗透到细胞中去，使体内的压力与周围水的压力平衡。为了能得到少得可怜的食物，深海里的动物都长有特殊器官，比如有的鱼类长着望远镜一样的眼睛，能够利用深海中微弱的光线搜捕食物。

◎ 神秘的海底世界原来是五彩斑斓的

  人们熟知的乌贼、鱼类、虾、章鱼，以及大型海兽类如抹香鲸等，生活在千米深的海水中；大嘴琵琶鱼成群地生活在两三千米的深水里；后来，人们又在8000米以下的水层里发现了新物种。但在马里亚纳海沟最深处，则几乎不会看到动物的存在。

  这片海底终年不见天日，看似风平浪静，却处处充斥着血腥与杀戮，因为10多米长的霸王章就生活在这里。科学家一直都在寻找它，但迄今为止，还没有人见过它们的真实模样。科学家凭着抹香鲸肚子里面的一颗巨型章鱼牙齿断定霸王章是存在的。因为霸王章的天敌是抹香鲸，而那颗牙齿直径有20厘米，这就意味着这条章鱼是传说中的霸王章，它们生活在这片深海里，并与抹香鲸彼此厮杀。

  马里亚纳海沟的奥秘还有很多，等着我们去探索、去发现。

温馨提示

① 最好带上墨镜、防晒油、帽子等防晒物品。
② 酒店内不提供牙刷、牙膏、毛巾、拖鞋等用品。
③ 建议准备旅游鞋、运动鞋以及拖鞋，以便观光和玩水时使用。

猛犸洞

万洞之地

置身山中,呼吸着新鲜的空气,鸟儿在欢快地歌唱,鲜花五彩缤纷,人们精神焕发乘坐游艇观赏两岸美景,实在是美哉。

关键词:洞穴群、珍稀物种
国别:美国
位置:肯塔基州中部
最佳旅游时间:全年

位于美国肯塔基州中部的猛犸洞国家公园,是世界上最大的由石灰石构成的天然洞穴群和地下长廊,被誉为西半球奇观。它为多种植物和动物,尤其是濒临灭绝的物种提供了良好的生活环境。

猛犸是一种长毛的大象,如今已灭绝。但是猛犸洞与猛犸没有什么关系,只是借用此名来形容洞穴很大,早已脱离了猛犸的原意。猛犸洞国家公园是世界自然遗产之一。

1亿年前,地下和地表的水源与石灰岩发生反应,创造出了一个巨大的地下洞穴——猛犸洞。猛犸洞由众多通道和洞穴构成,是目前世界上最庞大的洞穴群,它如一个巨大的迷宫,因此又被称作"万洞之地"。目前已经探明的通道长度近600千米,还有许多通道尚未勘探。这些通道当初是水道,而今水位下降,便形成了通道。这些通道或狭窄,或垂直,或水平,它们串联各大洞穴,构成一个奇特的洞穴群。最底下的通道仍然起着排水的作用,而且在水流的侵蚀下逐渐扩大。

对游客开放的洞穴分布在高度不同的5个地层。因地理位置不同,洞穴又分为山洞、岩洞、廊道、水道等几个部分,但无论在哪一个部分,都随处可见石膏、石笋和钟乳石,它们形状各异,变幻莫测,让人仿佛置身在一个虚幻的世界里。而水源则为8条瀑布、3条河流和多个湖泊,还有一条又深又宽的回音河与一条地下暗河,正是如此丰富的水源,才造就了如此庞大的洞穴体系。

猛犸洞里的动物资源也很丰富,目前已知的有以肯塔基洞鱼和印第安纳蝙蝠为首的动物200多种。其中有1/3的动物仅靠河水生存,过着与世隔绝的生活。肯塔基洞鱼是一种盲眼淡水鱼,属于奇特的珍稀物种,它们的存在,证明了动物在绝对黑暗和封闭环境中是可以适应和生存的。洞穴里还有许多其他珍稀动物,亿万年来,它们一直安然地生活在这个洞穴环境里,但自从地球水源被污染后,随着被污染的水流进洞穴,这些生物的生存受

璀璨的灯光，让形态各异的石柱、石笋更加光彩夺目

到了极大的威胁，有的甚至遭遇灭顶之灾。

自从猛犸洞被发现，人类对自然界的传统认知便再次受到挑战。在这个洞穴奇迹中，还有许多未解之谜等待人类去探索和发现。不过，人们对洞穴并非一无所知，早在1917年，洞穴探险家柯林斯发现了不少于15个洞穴的洞穴群——弗洛伊德·柯林斯水晶洞，这些洞穴与水晶洞的情形差不多。

除了圣诞节，洞穴旅游全年对外开放。洞穴内的温度在10.5℃左右，因此人们更多选择夏天去洞穴探险，假日也是洞穴旅游高峰期，所以夏天、假日旅游一定要记得提前订票。无论冬夏，都要记得多带一件衣服。

温馨提示

❶ 游客进入比较复杂而又容易受到伤害的洞穴，必须采取安全保护措施，如戴安全帽等。

❷ 猛犸洞只对游客开放其中的16千米，远处情况未知，禁止游客进入。

波月洞
经典重现

这神秘之境，有着白骨精的卧榻，美猴王的水帘洞，可谓经典重现。

关键词：岩溶博物馆、《西游记》
国别：中国
位置：湖南省冷水江市
最佳旅游时间：夏季

走近来看，石柱高耸，形态各异，令人惊叹

波月洞是湖南著名景区之一，也是一座世界岩溶博物馆。洞内岩溶密布，钟乳丛生，石笋兀立，石柱如林，石幔之幕，悬吊垂挂，组成了姿态万千的奇妙景观。再加上洞中有洞、厅中有厅，可谓步步皆景。

波月洞的主要景点有迎客厅、观音堂、银河飞瀑、翠屏金塔、水帘洞、葡萄园、榕树厅、迷宫、鹅管群等。其中迎客厅中夏天有清爽凉气袭来，立时透彻肌肤，沁人肺腑；冬季暖流融融，恰似春风扑面，满身寒气荡然无存。观音堂内浅浅水池中灯影摇曳，如条条彩带撒落水面，晃晃荡荡似天界银河，犹如观音合掌的石柱坐落其中。银河飞瀑是一大片由石灰岩流蚀形成的大型石幔，其形状像一条凝固了千万年的飞瀑，那磅礴壮观、一泻千里的气势恰如唐代著名诗人李白笔下的"飞流直下三千尺，疑是银河落九天"。翠屏金塔是一根圆锥形的石笋，细看犹如一座金色宝塔。

洞内钟乳丛生，姿态万千，满目珠玑，美不胜收

水帘洞中高高的石柱、石幔、石帘构成了雄伟的水帘洞洞口，右边石壁上挂着一块刻有"花果山福地，水帘洞洞天"的石碑，这是当时拍摄电视剧《西游记》时留下来的道具。葡萄园位于水帘洞前面，因石壁上满是紫色的"葡萄"而得名。榕树厅内有两根粗壮的石柱直顶天棚，天棚上挂满了密密麻麻的钟乳石。迷宫是波月洞中一个集天下岩溶景观之大成的洞厅，里面的道路蜿蜒曲折，四通八达，人进入其中后，往往分不清东南西北，甚至迷失方向，其大厅中央设有拍摄电视剧《西游记》时留下的猴王宝座和写有"齐天大圣"字样的大旗。鹅管群是波月洞的第二绝景，鹅管是钟乳石的一个品种，它是由洁白的岩溶经水渗透凝结形成的管状体，就像鹅毛管一样。

走进波月洞口，一连串或壮观或精致或奇妙或有趣的景点，如珠成串，一气呵成，令人叹为观止，流连忘返。走进波月洞内，你会发现这里雾漫风摇，石笋如林，营造出一种洞天福地般的景致，让人倍感舒适。

你是否也沉迷于这部20世纪80年代的经典电视剧《西游记》？齐天大圣的水帘洞就在人间，何不一睹为快！

温馨提示

❶ 游览时注意安全，请勿私自下水，避免造成危险。
❷ 在锑都中路青云大厦乘坐"市政府—波月洞"旅游专线可直达景区。
❸ 在波月洞前有别具情调的露天烧烤场，可以尝到新鲜香嫩的本地鸡鸭等。

058

波斯托伊那溶洞

灵动的钟乳石

洞内胜景甚多，蔚为奇观，洞内套洞，有隧道相连，山洞长廊异常雄伟，音乐厅景色极为优美。

关键词：音乐会、岩洞大厅
国别：斯洛文尼亚
位置：波斯托伊那市
最佳旅游时间：全年

曾经有一位名人说过这样一句话：如果现在的你只知道上班、睡觉、吃饭、玩小游戏，过着老年人的生活，那么你还需要年轻干什么？年轻人需要多出去走走，让我们的眼睛见识一下这神秘的世界。

开阔视野的最好方法就是旅游，旅游能够洗涤人的心灵，经常出去走走，看一看风景，开阔一下胸怀，清除蒙蔽心灵的尘埃，让自己置身于大自然之中，获得身心愉快的享受。去欣赏距斯洛文尼亚首都西南54千米的波斯托伊那市的波斯托伊那溶洞就是一个不错的选择。这是一座拥有欧洲"第二大溶洞"称号的溶洞，全长27千米，深115米，海拔562米，由比弗卡河的潜流对石灰岩地层长期溶蚀而成。

金色的阳光洒落在斯洛文尼亚的亚德里亚海岸，地中海卡斯特地区风景如画，成片的橄榄园、葡萄园、樱桃园、桃树林，让人目不暇接，神魂颠倒。你会深深地爱上这个有阳光的地方，然而在阳光之下，那大自然鬼斧神工的洞穴更叫人如痴如醉。

在中欧国家众多的钟乳石岩洞里，最大而又最具特色的就是波斯托伊那溶洞。溶洞内的钟乳石、石笋和石柱都已有几百万年的历史。洞里的地形极为复杂，有小桥流水，也有高堂大厅，其中最大的厅堂45米高，每年夏季，当地政府都会在这里举办音乐会。

听音乐会的不只是人类，还有一种娃娃鱼，学名为蝾螈，与人类一样有着百年的寿命，而且体形纤巧优美，有四肢，无鳞，因此斯洛文尼亚人称它为"人鱼"。

别看溶洞处处都是奇特的胜景，却也暗藏陷阱，比如洞中洞，洞中暗河。因此进到洞里，一定要遵守规定，按照规定的路线走，切记不要贪图惊险而跌入大自然的陷阱中去。

隧道宛如一条长廊，沿途风景十分瑰丽。沿着长廊前行，可以到达音乐厅、水晶厅、辉煌厅和帷幔厅4个岩洞大厅，其中，面积约有3000平方米的音乐厅风景最为奇妙。这里不但面积大，而且石笋和钟乳石更加千变万化，它们或如圣诞老人，或如下山的雄狮，或如展

洞内那不可思议的美景，犹如迪士尼童话中埋藏在地下的世界

翅的大鸟，或如晶莹的宝石花，在灯光的照耀下五光十色，十分梦幻。

美丽的岩石，在灯光的照射下，形成一个个优美的富有想象力的影子。似乎每一个影子都有一段美丽的故事。

从洞中出来的时候，我们仿佛依旧沉浸在美景当中。眼望着洞口，仿佛经历了一个不想醒来的美梦……

温馨提示

❶ 携带的医疗药品不是越多越好，尽量不要超过自身需求。

❷ 斯洛文尼亚的电压为220V，双孔圆形插座，请提前准备转换插头。

九乡溶洞
地下天堂

"九乡溶洞九十九,数完溶洞白了头。"

关键词:惊魂峡、荫翠峡、卧龙洞、蝙蝠洞
国别:中国
位置:云南省昆明市宜良县
最佳旅游时间:全年

云南地区喀斯特地貌分布广泛,地下溶洞比比皆是。宜良九乡被誉为"溶洞之乡",这里现已探明的溶洞有大小上百座,为国内规模最大、数量最多的洞穴群落体系之一。瑰奇诡怪的地下溶洞奇景与闻名遐迩的地上石林景区构成了"地上看石林,地下游九乡"的九乡喀斯特地貌奇观。

1984年,一个关于宜良县九乡彝族回族乡的新闻震惊了全世界:地质学家和园林专家在九乡考察时发现,这里的地下隐藏着巨大的溶洞群,溶洞群之大堪称世界溶洞群之最。消息传出后,九乡和宜良很快便成为旅游胜地,从此名扬天下。九乡溶洞不只是世界地质界的荣贵宠儿,也是全世界探险家心目中的胜地。从洞口进去,穿过一段狭窄的地下通道,便到达一个溶洞,而连接其他溶洞的是一段又一段的通道。这些通道在地表处供人行走,在地下水处供地下河流穿行。正是这些水流开凿出一个又一个漂亮的溶洞。

和其他地下溶洞一样,九乡溶洞群里也有许多钟乳石,它们千奇百怪,色彩各异,十分梦幻。而大大小小的石笋和如画屏一般美丽的岩壁又构成一个个迷宫,行走其间,各种奇异景观让人瞠目。

九乡溶洞在世界上都属少见,这是因为九乡地表河流纵横,峰峦叠嶂,与地下的溶洞形成类型齐全却又风格各异的地质奇观,而一般的溶洞群里,景致大同小异,唯有九乡溶洞各有特色。在这些溶洞群里,洞内峡谷惊魂峡最为惊险,站在远处观看,可见它由河床不断下切而成。上下落差有近百米,上面是惊险的悬崖,下面是湍急的深渊,如不小心跌入其中,便会丧命,因此得名惊魂峡,但也是这份惊险让探险家们沉醉其中。除了惊魂峡,还有清幽的荫翠峡,荫翠峡头顶一线天,两岸古树青藤悬挂在峭壁上,古朴美妙。当地人把如此美妙的地方选为青年男女约会传情的场所,经常会有嘹亮清脆的歌声从一线天里传出来,在九乡的上空飘荡。

○ 倒挂的钟乳石，挺拔的石笋，一个个体态丰满，让人浮想联翩

除此之外，卧龙洞和蝙蝠洞也很有特色。卧龙洞里有两条飞流直下的瀑布，高约30米，干旱季节为两条瀑布，水质清澈明亮，洪水季节两条瀑布便合二为一，夹裹着泥沙轰然而下，那磅礴的气势犹如一条黄龙，十分震撼。蝙蝠洞里曾经有成千上万只蝙蝠在石笋中生活。只是现在蝙蝠都不见踪影，只留下瑰丽的石笋，默默地屹立在洞里。

多层洞穴相套，层级递升，加上地下水流的冲击，常年积累形成石坝群。这些石坝群错落有致、规模宏大、线条流畅，状似梯田，被称为"神田"。神田造型齐全，有大有小，大的气势磅礴、小的优雅可爱，远远望去恰似农夫耕种的田地，鳞次栉比。神田中水面碧波荡漾、波光闪闪。

溶洞的暗河里还生长着一种极为珍稀的鱼类——盲鱼金线鲃，它们存活年代久远，十分罕见。在岸边还可以见到九乡奇石，这些石头上面都带有像数字一样的花纹，非常神奇。

> **温馨提示**
>
> ❶ 溶洞内湿气较重、多青苔，要注意防滑，有的地方狭窄低矮，谨防碰头。
>
> ❷ 多带长袖衣服，注意保暖。
>
> ❸ 游览九乡溶洞群最宜乘船，顺流直下，一切美景将尽收眼底。

腾龙洞

卧龙吞江孕奇景

滚滚清江之水奔流进入落水洞，继而转为暗河。穿过水洞，你会发现一个巨大的洞穴，洞内怪石嶙峋，钟乳丛生。千奇百怪的形象吸引着众多游客。

关键词：瀑布、落水洞、激光表演
国别：中国
位置：湖北省恩施土家族苗族自治州利川市
最佳旅游时间：4月、5月

洞内空间开阔，好似一座宫殿

倘若你要问世界上有没有集山、水、林、洞于一体的溶洞，我告诉你，有。那么同时有着奇幽雄险等特色的溶洞呢？我还是肯定地告诉你，有。有一个溶洞将这两种特点集于一身，它就是世界第一大溶洞——腾龙洞。腾龙洞洞里洞外两重天，洞外山清水秀，洞里水流如雷，循着声音找去，便会看到气势磅礴的卧龙吞江瀑布。这是腾龙洞的雄壮之处。腾龙洞的奇幽在于它特别干净，没有任何有害气体，更没有蛇蝎等可怕虫类，这一点是与其他溶洞完全不同的。

腾龙洞分旱洞和水洞，旱洞也称为腾龙洞，而水洞则因为清江水从洞口汹涌而入，直流而下，所以名为落水洞。进入落水洞的路，是人工开凿出来的，因为路途险峻，所以进入落水洞一定要注意安全。落水洞犹如一条张着大嘴的巨龙，仿佛要将清江水全部吞噬到自己的腹中才善罢甘休一样。

清江在洞内左突右击，在乱石中穿行。洞内险滩、平湖密布，还有各种各样的神奇生物化石和五彩斑斓的岩溶。清江在这里成为暗河，暗河冲击着落水洞。洞内的湖泊湖面开阔，洞顶空旷，上面还有18个天窗，光线透进来，给人一种奇异的感觉。

○ 卧龙吞江瀑布落差20余米，吼声如雷，气势磅礴

从落水洞出来，进入腾龙洞。在腾龙洞口，不得不感叹它的雄伟气势。洞口足有20层楼房那么高，其宽度可以让15辆卡车并排通过。来不及仔细观察，便迫不及待进入洞内，先睹为快。

刚入洞中，一股清风迎面吹来，令人倍感舒爽。仰望洞内巨大的空间，会感觉自己很渺小。洞内悬着的钟乳石，姿态万千，无不使人联想到神魔妖怪之类。走进洞内第一站，是土家族的节目表演，主要是展现土家族的风俗文化。其阵容之华美，艺术之精湛，都令人赏心悦目，叹为观止。

第二站是激光表演。在这里，利用光声效果，在幽暗的环境下营造出一种特别的气氛。激光表演开始，刹那间，天崩地裂，神龙出海，在天地间遨游。如此震撼的效果，让人不觉深入其中。直到表演结束，耳旁仍有余音，眼前仍有游龙。

从腾龙洞出来，恍如隔世。在洞内的所见所闻，无不令人感到身在天堂或者仙境。只有走出洞，才知身在人间。

找个时间去腾龙洞看看，看看这个世界上容积最大的洞穴，看看洞穴内的自然景观，欣赏一下洞内的人文景观。当人与自然和谐共处的时候，就是它最美丽的时候。

温馨提示

❶ 入洞后要注意安全，不要看见洞就进入，以免迷路。

❷ 可乘坐电瓶车往返，请注意保管好车票。若选择走路，需较长时间，注意防滑。

❸ 此地有白杨豆干、福宝山莼菜等天然绿色食品，可以品尝。

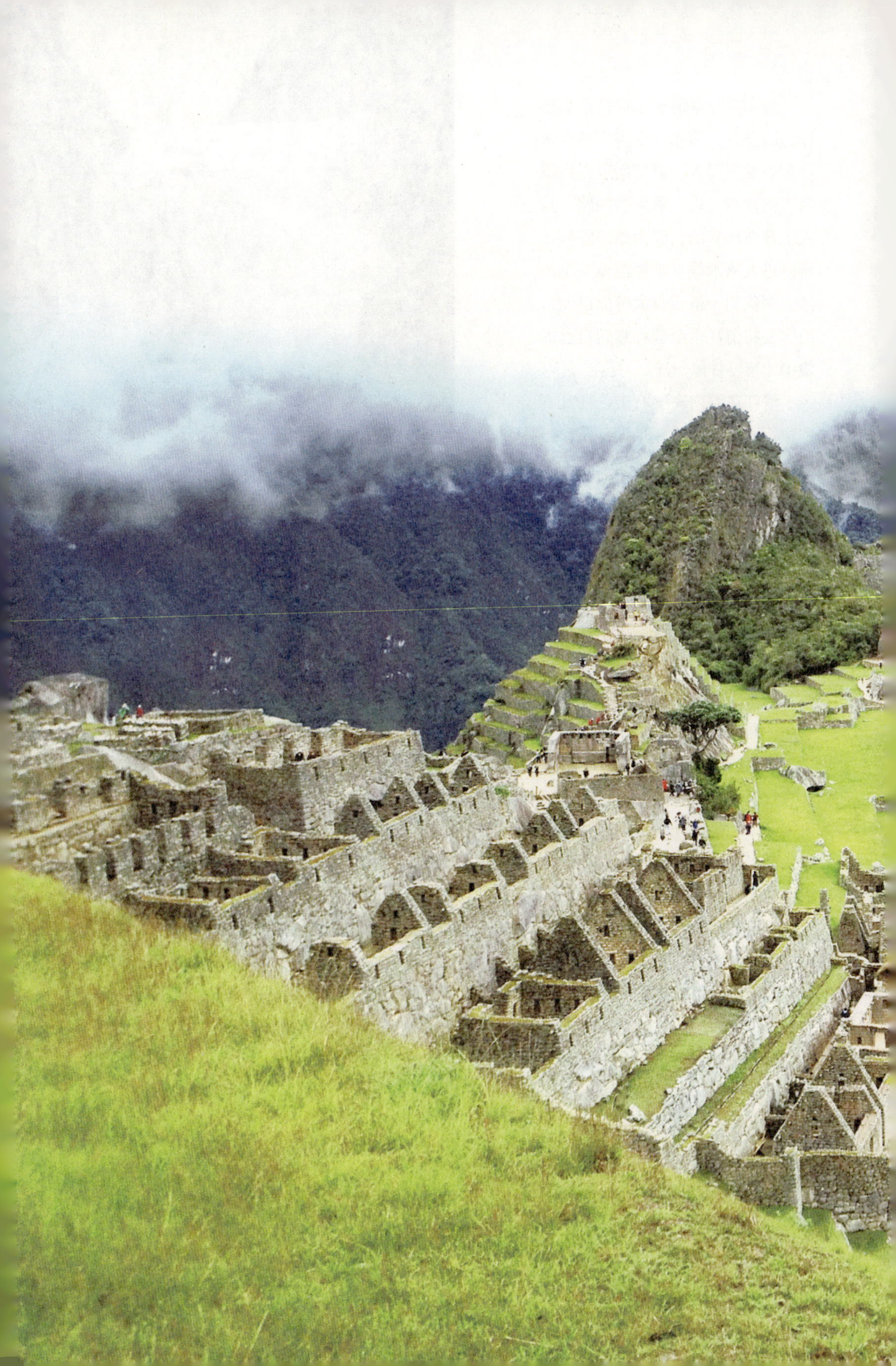

第四章

神秘莫测的古城传说

它们的辉煌已然不在,
它们的消逝就是一个个谜团。
所幸城还在,
山水还在,
也许谜团的答案还在,
留下来的只是在诉说
昔日的故事。

高昌故城

大漠掩埋的辉煌

夕阳之下，古城的断壁残垣投射出长长的阴影，风吹过，阴影中传来『呜呜』的低吟，不知是谁在那里诉说着高昌故城的往事。

关键词：大漠、古城、断壁残垣
国别：中国
位置：新疆维吾尔自治区吐鲁番市
最佳旅游时间：全年

驴车是这里的交通工具

如果把文明遗迹比喻成一支曲子，那么建筑就是凝固的音符。浩然一座高昌故城，则恰如时光遗落在苍茫西域的一曲古调。尽管昔日的磅礴已演变成清越的缥缈，仔细聆听，那声音依然扣人心弦。

从现在残存的遗迹上还能看到曾经的高昌故城规模之宏大。这里城郭高耸，街衢纵横，护城河道的残迹犹存，城垣保存基本完好，分为内城、外城和宫城。站在高昌遗址上，迎着烈烈的热风，看着高高的土墙，想象着那些巍峨的古代建筑，似乎能感受到建城时热火朝天的场景。

自汉唐以来，高昌就是连接中原、中亚、欧洲的枢纽，它既是经贸活动的集散地，又是宗教文化的荟萃地。汉文化对高昌古国产生了深远的影响。从发掘出的文物中，我们可以看到汉文化已经深深地融入高昌文明之中。此外，古代官私文书、丝、麻、棉、刺绣、毛织品、绢画、壁画以及各类彩色泥塑、陶器、木器、漆器、铁器、石器、钱币等，无不显示出高昌文明的辉煌，高昌经济的繁盛……

和其他曾经繁荣昌盛又遭受毁灭的城市一样，高昌故城也湮没在历史的尘埃中。时光流转，永不停息，千年一瞬，高昌故城再次出现在人们的视野中：在孤凉的楼台上似乎还

矗立在荒地上的土塔，昭示着曾经的繁华

能想象到王家游宴之盛，在模糊的壁画佛影中似乎还能听到梵音鼓鸣，在残损的高城厚壁前似乎还有千军万马奔腾，在蒙尘的里巷民宅中似乎还有百姓的喧嚷回荡……

　　一位考古学家曾经说，昔日的高昌故城，就是盛唐时长安城在西域的翻版。也许，了解了高昌故城，也就能了解到盛唐时长安的景象。在茫茫的大漠中，一座古城在风沙中哀鸣，似乎在吟唱昔日的辉煌，又似乎在悲悼今日的没落。也许，它本不愿意曝晒在烈日之下；也许，黄沙之下才是它最好的归处。夕阳西下，在沙漠上留下一片灿烂的金黄。伴随着落日，大漠的风掠过沙丘，掠过故城的断壁残垣，仿佛凄婉、悠扬的埙声。苍凉的音调，在高昌故城的建筑遗迹中徘徊，和岁月一起奏响了一支永不消失的乐曲……

> **温馨提示**
>
> ❶ 这里夏季紫外线照射较强，注意防晒，带好防晒保湿用品。
> ❷ 最悠闲的旅行方式是租一辆景区驴车，享受一下在沙漠中赶驴的乐趣。
> ❸ 游客住宿一般回吐鲁番市内，在春、夏为旅游旺季，游人最好提前预订市内酒店、旅馆。

第四章　神秘莫测的古城传说

楼兰故城

消失的文明

现在站在楼兰故城前，看着夕阳余晖洒满斑驳的土墙、破毁的房屋，不知该为中国古代文明的辉煌创造感到自豪，还是为那段受掠夺的黑暗历史感到哀伤。

关键词：丝绸之路、死寂、掠夺
国别：中国
位置：新疆维吾尔自治区罗布泊西部
最佳旅游时间：3月至5月、9月至11月

西域古城众多，最著名的就要数楼兰了。它经常出现在诗词当中，成了西域的象征，成了诗人们梦想建功立业的地方。李白在《塞下曲》中云："五月天山雪，无花只有寒。笛中闻折柳，春色未曾看。晓战随金鼓，宵眠抱玉鞍。愿将腰下剑，直为斩楼兰。"王昌龄则在《从军行》中云："青海长云暗雪山，孤城遥望玉门关。黄沙百战穿金甲，不破楼兰终不还。"

可是这座古城，竟在斗转星移中被深深地埋藏在了历史的尘埃中，一直被人们遗忘了1000多年。最早提到楼兰的是司马迁的《史记》："楼兰，姑师邑有城郭，临盐泽。"那时这个城市只有1万多人，却因为处于丝绸之路的枢纽而繁荣一时。西域人、中原人、印度人、大秦人、匈奴人在这里相聚，带来不同的文化和不同的故事。城中的旅店中聚集着往来的客商，中原乐奏、匈奴歌曲在这里悠悠传出，红装绿裳的胡姬伴乐而舞，豪放的旅人在此大碗饮酒，享受艰难穿越沙漠后的狂欢。

可惜这样一个世外桃源般的地方，却因处在中西交通的枢纽而卷入了汉朝与匈奴之间的纷争。国小人乏的楼兰不得不在汉朝和匈奴之间寻找脆弱的平衡，

*胡杨木旁的楼兰姑娘雕塑，清秀美丽

楼兰故城遗址石碑

　　将王子送到两国为质，然而战战兢兢的楼兰人还是不得安宁，匈奴人来时便杀死汉朝的使者，汉朝回来时便进行报复，于是楼兰的国王屡次被汉、匈双方绑架、谋杀。对于楼兰的记载似乎只有大国的争雄，傅介子杀楼兰王，迁其国都。没有人关心一个小国夹在大国间的那种深深的惶恐和悲哀，甚至当争霸时期过去后，这个棋子是如何消失的都没人去管了。

　　直到1900年，一个来自西方的考古学家，我们经常称他为强盗——斯文·赫定来到罗布泊，他在一次意外的风沙中，发现了一座被废弃了上千年的古城，城中一片死寂，但高大的泥塔和层叠不断的房屋遗迹还在风沙中倔强地向世人诉说着它们往日的辉煌。斯文·赫定在此进行了大量发掘，毛毡、钱币、陶片、丝织品不断出土，可惜那时的中国早已乱成了一锅粥，清政府摇摇欲坠，自顾不暇，学者忙着寻找国家的出路，阴谋家们肆意谋求着窃取更多的利益……

　　赫定大摇大摆地将出土文物送回了欧洲。美国、英国、日本的探险队、寻宝队接踵而至，楼兰经历了一次次地被发现、一次次地被掠夺。现在站在楼兰故城前，看着斑驳的土墙、破毁的房屋，不知该为中国古代文明的辉煌创造感到自豪，还是为那段黑暗的历史感到哀伤。呼呼的风吹着黄沙打在脸上，不知不觉地流下眼泪，也许世界便是如此，弱小的总会被滚滚黄沙掩埋。

温馨提示

❶ 很多古城遗址并不对外开放，游人出发前最好打电话进行查询。
❷ 沙漠地区补给点稀缺，进入罗布泊地区应准备充足的食物和水，对外通信器材出发前应检查妥当。
❸ 沙漠地区气温变化大，遮阳伞、防寒衣物都必不可少。

第四章　神秘莫测的古城传说

153

马丘比丘
追寻三毛的足迹

关键词：失落之城、空中城市
国别：秘鲁
位置：库斯科西北130千米处
最佳旅游时间：4月、8月至10月

> 遥远传说与现实古都仅一步之遥。

安第斯山脉中神秘的印加古城——马丘比丘

　　著名的马丘比丘原是印加帝国的中心，印加人相信库斯科是"世界的肚脐"，从天空俯瞰整个古城，仿若一个旋转的旋涡，那是由依山就势而建的排列整齐的层层石阶和城垣组成的。由于其圣洁、神秘、虔诚的氛围，马丘比丘被列入"全球十大怀古胜地"名单。

几个世纪以来，雄伟的古城仍安然无恙，丝毫未损

马丘比丘在印加语中意为"古老的山巅"，也被称作是印加帝国的"失落之城"与"空中城市"。马丘比丘已被联合国教科文组织定为世界遗产，是世界上为数不多的文化与自然双重遗产之一。

从16世纪中叶开始，一个有关神秘古城的传说便在秘鲁的安第斯山脉流传开来。只可惜统治秘鲁几百年的西班牙人却一直无缘得见。秘鲁独立后，许多探险家开始多方寻找，结果没有丝毫音信，只有那些展翅翱翔的雄鹰，才会在空中目睹古城的踪迹。终究功夫不负有心人，美国耶鲁大学的海勒姆·宾加曼三世教授历经千难万险，在海拔2400米的崇山峻岭间仔细搜寻，终于在距离印加古都库斯科城大约130千米处，找到了这座高原古都。此时，古都已经被密林覆盖，因历史亦不可考，于是便将它命名为马丘比丘，与附近的一座山丘同名。

作家三毛的《万水千山走遍》记载了她的南美行迹，其共18篇文章中就有4篇奉献给了秘鲁，两篇着墨马丘比丘。"火车沿着乌鲁班巴河慢慢地开……这条乌日庞巴河与整个古斯各附近的山谷用了同一个名字，由高原一直进入亚马孙丛林，长长地奔流下去。火车缓慢地开着，那条河紧跟不舍，水面汹汹滔滔地竟起着巨浪，一波一波地互撞着，冒起了一阵蒙蒙的雾花来。""我坐在一块石头上，盘上了双脚……我深深地呼吸了几回，将自己安静下来，对着不语的自然，发出了呼唤。另一度空间固执地沉默着，轻如叹息的微波

第四章　神秘莫测的古城传说

155

◉ 马丘比丘高耸在海拔约 2350 米的山脊上，俯瞰着乌鲁班巴河河谷

不肯回我。众神默默，群山不语。"

　　马丘比丘就是这样一个让人安静、让人听到自己心跳和大自然脉动的地方。那些巍峨的古老残垣，透出森森的凉意，和茂密的森林、逶迤的山峦相得益彰，仿佛来自遥远宇宙的神秘力量生硬地在此按下了深深的印章。整个古城都被朦胧的神秘感所笼罩，静立在那高大的祭台前，只听得见"呼呼"的山风声和自己"咚咚"的心跳声。仰望那高高的台顶，你会有种忽然迷失了的感觉，似乎看到数百年前那辉煌的祭祀场面，看到那些虔诚肃立的印加人，倾听着祭司口中低沉地吟出神秘的调子……

　　马丘比丘的故事、来历，和曾经生活在那里的人，关于这些依然有着太多的未解谜团。它的神秘和壮美，吸引着无数人带着朝圣的心情靠近它。

温馨提示

❶ 马丘比丘每天限2500人参观，建议至少要提前2～3天预订，如果是旺季可能要至少提前一周预订。

❷ 建议计划上山的前一天抵达热水镇，这样可以在第二天一大早登上马丘比丘观看日出。

064

埃尔塔津古城
时间的气息

> 它的魅力在于一座存世时间足够长的建筑物拥有的时间的气息。

关键词：壁龛金字塔、玛雅雕刻
国别：墨西哥
位置：维拉克鲁斯
最佳旅游时间：全年

从特奥蒂瓦坎帝国时代开始，埃尔塔津古城便存在了。它坐落在养蜂场、香蕉种植园和烟草种植园中间，香子兰在它们周围构成一个幽谧美丽的林木篱笆墙。古城的外面很美丽，而由公共广场和金字塔构成的古城里面却很奢华。时至今日，别的遗迹都已覆盖上了尘土，唯有壁龛金字塔依然名扬世界，在历史长河里散发着璀璨的光辉。

◎ 壁龛金字塔，各层神龛的总数是365个，具有祭祀和历法意义

壁龛金字塔之所以闻名于世，是因为它代表着伟大的前哥伦比亚文化。要知道，对现在来说，天文历法依然高深莫测，但在近千年前的壁龛金字塔身上，天文历法知识却能够被如此精准地运用，不得不让人叹为观止。

古城周围的香子兰早已被莽莽丛林所取代，而埃尔塔津古城也被密林和历史尘埃所湮没，一直到18世纪末期，人们在探秘中终于寻找到它的踪迹，古城才得以重见天日。到今天，古城已经被挖掘出土了一半，还有一半也会很快和世人见面。

从挖掘出来的遗址可以看出，埃尔塔津也有球类游戏。只不过，这种球类游戏并不是

○ 贴身草地，感受这座古城浓厚的历史气息

代表欢笑，而是意味着祭祀，而且是一种很血腥的祭祀。因为在这种比赛结束时，输掉比赛的人都会被押上祭台，成为祭祀品。所以输球就是输掉性命，这是完全有历史依据的。

雕刻是古城里面另一大亮点，其中有一个"微笑的雕刻"，称得上玛雅雕刻中的佼佼者。一般玛雅雕刻只是大概的形体，而埃尔塔津的雕刻却更注重细节。人物生动活泼的面部表情给人一种栩栩如生的感觉。

随着挖掘深入，埃尔塔津古城里的宫殿、金字塔、广场、体育场等建筑陆陆续续地展现在世人面前。它们的数量之多，让世人震撼，而它们精准的技艺和高深的文化，又让世人惊奇。古城名称的由来也让人们好奇，经过一番猜测后，得出这样的结论：最初，这里居住着12位掌管风雨雷电的神仙，也就是说，最初修建这座城市的目的，就是供奉神灵。这个论断，在众多的广场和金字塔，以及雕刻和祭祀痕迹上都得到了印证。

温馨提示

❶ 墨西哥人性格开朗，喜欢和异性搭讪，游客不予回应和避免眼神接触是明智的做法。

❷ 墨西哥城海拔较高，请注意预防高原反应。心脏病和高血压患者及老年人不宜进行剧烈活动。

065

特奥蒂瓦坎古城

众神之城

这美洲大陆上的"众神之城",它的建造者至今仍是一个谜。

关键词：金字塔、传说、蝴蝶宫
国别：墨西哥
位置：墨西哥城东北约40千米处
最佳旅游时间：全年

○ 太阳金字塔正面有数百级台阶直达顶端,高大宏伟,让人肃然起敬

　　联合国教科文组织于1987年将特奥蒂瓦坎古城列入《世界遗产名录》。古城始建于1世纪,兴盛于5世纪,到7世纪开始没落。作为印第安文明的代表,特奥蒂瓦坎古城被称为"众神之城"。虽然古城已经没落很久,但遗址上规模庞大的建筑和几何图形却让它闻名于世。

　　这些建筑群里有宫殿、金字塔,以及排列整齐有序的宽阔街道,它们充分说明当时的特奥蒂瓦坎已经成为文化高度发展的世界中心城市。

太阳金字塔，是古印第安人祭祀太阳神的地方

　　有意思的是，古城遗址中央那条纵贯南北的大道，本是古城的主干道，却被人命名为"死亡大道"。原来，最早发现古城的西班牙人看到道路尽头的金字塔群，便马上联想到埃及金字塔，西班牙人以为这些金字塔也是用来埋葬死者的坟墓，以为这条路就是专门为埋葬死者所修建的，所以命名为"死亡大道"。随着考古挖掘的深入，人们才知道，特奥蒂瓦坎的金字塔被印第安人赋予的是祭祀功能，而非埋葬功能。在众多金字塔中，最有名的要数太阳金字塔和月亮金字塔。太阳金字塔位于中段东侧，月亮金字塔位于大道北端，两座金字塔造型相似，四周梯形构造，前方是陡峭的走道。

　　这两座金字塔有一个美丽的传说：有一天，太阳突然熄灭，地球陷入一片黑暗，万物生灵即将毁于一旦，濒临死亡的人们惊恐崩溃，失声痛哭。哭声惊动了宇宙诸神，于是他们来到地球上最有影响力的城市特奥蒂瓦坎，在这里修建了两座金字塔——一座代表太阳，一座代表月亮。他们在金字塔中间点起篝火，随着篝火熊熊燃起，地球再次被光明普照。但想要让太阳和月亮真正有光明的能力，还需要诸神献身于火中。于是，纳纳瓦特神和特克西斯特卡尔神自告奋勇地站出来，他们愿意为人类献出自己的生命。纳纳瓦特神率先跳入火中，成为光芒万丈的太阳，特克西斯特卡尔神比纳纳瓦特神晚了一步，便成为月亮，给黑暗的地球以温柔的光亮。

　　古城里有一座极为豪华的建筑，名为蝴蝶宫。蝴蝶宫坐落在月亮广场的西侧，专门供达官贵人和宗教上层人士居住。在宫殿的中央大厅，圆柱上有浮雕，雕刻的是一只鸟身蝶翅的动物，人们据此称其为蝴蝶宫。蝴蝶宫是古城里保存最完整的一座建筑，里面的壁画虽然历经时代变迁，但依然完整如初，就连色彩都不曾褪去，一如曾经那般鲜艳明亮。

　　在古城里漫步行走，不但可以欣赏到气势恢宏的庙宇和宫殿，还能看到栩栩如生的精美雕刻，让人仿佛回到那个繁华的时代，任远古的文化涤荡被现代工业社会折磨得浮躁的灵魂。

温馨提示

① 建议在一号门买票进入，从古城最南端开始逛，先看羽蛇神庙，然后往北依次游览。

② 最好自带食品，因为遗迹很开阔，里面没有餐厅和小卖部。

③ 墨西哥城日照强烈，一定不要忘记涂抹防晒霜。

066

庞贝古城
凝固的凄美

你依然看得到他们的样子，那消失之前最后一秒钟的样子，居民、水壶、面包、城墙……

关键词：火山、繁盛、封存
国别：意大利
位置：意大利南部
最佳旅游时间：3月至5月、9月至11月

屋舍遗址，不觉让人心潮起伏，浮想联翩

庞贝，又译"庞培"，在79年8月24日，这座辉煌一时的古罗马城市一瞬间被突然喷发的维苏威火山灰深埋地下。直至1748年，一个农民在自己的葡萄园中翻土时无意间发现了装满金银首饰和古钱币的金属柜子，由此，这座商贾云集、物欲横流、极尽奢华的古

○ 圆形大剧场，最多能容纳庞贝全城居民

罗马帝国第二大城市庞贝古城又渐渐呈现在世人眼前。庞贝古城保留有大量古罗马帝国时期的建筑遗迹和艺术文物，被称为世界上最著名的古城遗址。

维苏威火山周围遍布葡萄园，以盛产美酒闻名于世。而且火山还是植物的海洋，山脚长满栎树和栗树，山腰则遍布繁茂的金雀花，每年花季来临，整座维苏威火山便像是铺上一条鲜花地毯。随着高原起伏不平的地势，鲜花地毯也起起伏伏，十分美丽。火山爆发之前，人们认定这里是天堂，纷纷来此定居生活。因为他们的到来，庞贝的经济也繁荣起来。在庞贝城里，最宽阔的马路是用石板铺成的丰裕街，石板因为马车轱辘的碾轧，磨出一道道深深的车辙印，这是庞贝古城繁华的最直接证据。沿着这条马路走到广场，可以看到栩栩如生的名人雕像，四周的建筑非常雄伟，这所有的一切都在昭告世人，当时的古罗马是多么强大和繁盛。

除此之外，考古学家曾在一个富户人家中的墙壁上发现一幅价值连城的镶嵌画，这幅画由200块彩色玻璃和大理石片构成，这就是《亚历山大大帝与波斯大流士三世战斗图》，图画形象地展现了战斗中亚历山大大帝的英勇和沉着。庞贝出土的另一幅壁画中还写着"没有任何东西可以永恒"的字样，联想到瞬间掩埋地下的辉煌古城，让人不由得思绪万千。古庞贝人对艺术的审美与智慧是非常值得我们敬仰的。除了精美的壁画，庞贝的遗址上还有能容纳近两万人的竞技场，并有酒吧、面包店、大剧院、步行街、城堡、水

由于被火山灰掩埋，古城内街道房屋保存比较完整

池……被侵蚀了几千年之久的城墙到现在仍能显示其耀眼夺目的鲜红色，这让考古学家们不停地寻找答案。被陈列出来的死难者遗体，依旧保持着千年之前死亡降临时最后的样子——有的弯身掩护着自己的婴儿，有的甚至还在睡梦中。就像童话故事中被施了魔法的城堡，一切都静止在了那一刻。灾难降临得那样突然，这让我们不得不想到壁画中的那句"没有任何东西可以永恒"，似乎一切都早有预言。

穿行于被火山灰封存近2000年之久的庞贝，似乎除了向人们展示着令人神往的古城雄姿，那震慑我们的神奇的力量只能由我们自己去领悟和体会了。

> **温馨提示**
>
> ① 庞贝地区有一种叫作"弗里西"的螺旋形细面条，吃这种面配维苏威山脚下特产的"基督之泪"红葡萄酒是最好的搭配。
>
> ② 庞贝的古希腊手工艺厂专门制作贝雕和玛瑙工艺品，其中的各种装饰品琳琅满目，参观之余也可选购。

第四章 神秘莫测的古城传说

大津巴布韦遗址

非洲的雅典卫城

> 是谁在非洲腹地建造了规模如此宏大的一座城市？也只有这样的古城，才能配得起野性的非洲。

关键词：石头城、非洲文明、野性
国别：津巴布韦
位置：津巴布韦哈拉雷南
最佳旅游时间：全年

津巴布韦共和国在1980年之前原本叫作南罗得西亚，1980年宣布独立，改名为津巴布韦。津巴布韦在班图语中意为"石头城"，境内已发现200多处"石头城"遗迹，其中"大津巴布韦遗址"最为著名。

大津巴布韦遗址地处三山一湖之间，波平如镜的凯尔湖倒映着遗址数千载时光。大津巴布韦遗址是与众不同的，它充分显示出非洲古代的精湛建筑技术，这里曾是一个强大的非洲国家的中心，传说这就是《圣经》中提到的黄金和宝石城——俄斐。遗址中庞大巍峨的建筑及出土文物所体现的高度非洲文明，曾使欧洲人不相信这是非洲黑人所建，这在当时是无法想象的。然而事实上大津巴布韦是非洲历史、文化和建筑的骄傲，它堪比欧洲的帕提侬神庙、危地马拉的玛雅金字塔，它与亚洲的吴哥窟一样，静静地在雨林深处沉睡了千年，醒来的

◎ 这是一座由古代巨石建立起来的古城

既没用灰泥，也不用拱门和圆顶，大津巴布韦最为神秘、最为复杂的建筑卫城成为当代的一个谜

那一刻，让整个世界为之震惊。

在撒哈拉沙漠南部，有一座由高墙构建的城堡，城堡历史久远，因为墙体由矩形花岗岩组成，所以十分坚固，虽经历时间侵蚀，却丝毫无损。一条同样由花岗岩铺成的小路直通石头城堡，远远望去，城堡虽然是简单的石头构造，却令人敬畏。这座城堡名为卫城，是大津巴布韦最为重要的建筑。卫城之所以让人敬畏，是因为它身上有至今也无法破解的谜团：它虽然用石块筑成，但每块石块都切割得非常精确，而且石块和石块之间没有任何黏合物，只是将石块垒叠在一起，即使过去这么长时间，依然异常坚固。而且其建筑方法与埃及金字塔惊人相似，不知道两者之间是否有联系。除此之外，卫城上的实心塔和高20米的圆锥形塔也是一个谜团，没人知道它们建于何时，究竟有什么用途。多年来无数探险家和考古学家来此，试图破解这些谜团，但最后都无功而返。石头城堡和城堡里的谜团还要一直搁置下去，或许永远都找不到答案。

除了谜团丛生的卫城，大津巴布韦遗址还出土了无数文物，包括阿拉伯玻璃、中东陶瓷、中国明代瓷器碎片等。这些文物证明大津巴布韦曾经与波斯、阿拉伯和中国有贸易往来，由此也证明大津巴布韦是一座繁华的都市。遗址里除了文物，也有当地原住民生活的痕迹。那些绘画以及铸造钱币的泥模，还有遗址旁边的古代水渠和水井，都真实再现了那

维多利亚瀑布位于赞比亚与津巴布韦交界处,当滔滔河水在裂岩深谷垂直落下,没有人不感叹它的壮美

个时代的大津巴布韦人的生活。

　　走在大津巴布韦整齐的石头城遗址中,放眼望去,四周被浓密的雨林环绕,不时有长颈鹿、野象来此探访,一只只秃鹫在高空中盘旋,让这些形态各异的石头也都充满了野性之美。也许,这座古城从来就没有寂寞过,也许当人类离开的时候,那些冷峻的巨石就会醒来,和雨林中的动物一起歌唱、飞翔……

温馨提示

❶ 大津巴布韦地区,年均气温在22℃,10月份气温最高达32℃,7月份气温最低,约13~17℃,游人最好避开最炎热的时候。

车师国曾经的辉煌已不再，留下一片完整的都城待后人追忆。

068

交河故城
丝绸之路的文明

关键词：沧桑、古堡　　位置：新疆维吾尔自治区吐鲁番市
国别：中国　　　　　　最佳旅游时间：3月至5月、9月至11月

● 从这里走进世界上最大、最古老、保存最完好的生土建筑城市

从吐鲁番向西13千米，河水分流又从不远处交汇，两条分汊之间，夹着一座柳叶形的高台，此处即为交河，交河故城就建在高台之上。上千年的风雨将这座曾经辉煌一时的城市剥蚀得支离破碎、城墙倾圮、房屋破败，到处都是断壁残垣。恰值春天，高台下的几树杏花开得正旺，白色的花瓣和五彩的蝴蝶仿佛和黄土的遗迹格格不入。

🔸 零星的绿草给这座土城增加了一丝生机

　　谁又曾想过，千年以前，此处曾是红楼绿苑，芳草连天。站在临河的城墙之上，远处黄土连天，近处河流泛碧，生活在城中的人该是多么快乐，多么幸福。那些密集的民居、纵横的市井街道、宽广的府衙、高耸的佛塔，以及作坊、瓦肆都在默默地诉说着往日的荣耀。

　　那时，这里是车师国的都城，是吐鲁番地区政治、经济、文化的中心。作为曾经的西域三十六国之一，车师人经营此地近千年，曾经的唐代安西都护府就设立于此。精心地选址、规划，精美的建筑让这里成了丝绸路上最热闹的枢纽之一，坚固的城墙，天然的高台，雄浑的护城河，让它成了难以攻破的壁垒。

　　走进交河故城，历史的沧桑感顿时将人深深淹没。城台长1600多米，中间宽300多米，四面临崖，东、西、南三面峭壁之上各辟三门，进出道路劈崖而建。整座城市模仿唐代长安城风格，中央道路贯穿南北，将城市分为东西两部分。道北有规模宏大的寺院区，建筑面积约9万平方米。大道之间，街巷纵横。街巷两边大部分为民居，民居为长方形，门向街而开，走在这些小巷之间，轻轻地抚摩被岁月侵蚀得斑驳的土墙，仿佛还能想到旧时都城繁荣的景象。

　　大道东侧中部为官署区，南北两侧多为民居，大道西部有很多手工作坊。大道不同于小巷，道旁尽是高高的城垣，不设门窗，庄严肃穆的氛围，千年之后还能体会得到。这里的建筑风格有中原气息，却又不尽相同。无论城墙还是民居建筑墙壁都深埋地下，说明这

◎ 在历经数千年的风雨沧桑之后，这座城市的主体结构居然奇迹般地保存了下来

　　里不仅仅是一座居民的城市，还是一座守备森严的军事古堡。也许，千年以前，丝路上并不太平，马贼、强盗乃至敌国的军队随时会将商旅抢劫一空，甚至杀人灭口，而交河故城便是商人们得到庇护的重要场所。

　　可惜，这座古堡还是没能逃过战火的摧残。元代蒙古人西征攻陷了此城，后来海都集团发动战乱，故城饱受兵燹，逐渐衰落。到了明代，它就已经被遗弃了。当时的吏部员外郎陈诚出使西域来到交河，曾登临古城写下《崖儿城》一诗："沙河三水自交流，天设危城水上头。断壁悬崖多险要，荒台废址几春秋。"

　　西风残照，晚霞似火，交河故城的断壁残垣仿佛涂满鲜血。游人尽去，喧闹了一天的遗址又陷入了无边的寂静，只有城下的几树杏花，还独自散发着芳香……

> **温馨提示**
>
> ❶ 前往交河故城游览时，请不要将摄像机带入，可放在车上或寄存在售票处。
>
> ❷ 在游览时不可以四处攀登，也不要去未开放区或悬崖边游览。
>
> ❸ 由于故城内几乎没有遮阴处，在夏季游览时温度很高，请注意做好防晒降温措施。

第四章　神秘莫测的古城传说

佩特拉古城

千年一梦

神话般壮丽的庙宇和宫殿开凿在巨大的石头崖壁之上，创造出一片缤纷艳丽的古城奇迹。

关键词：岩石、玫瑰红古城、卡兹尼宫
国别：约旦
位置：首都安曼以南260千米处
最佳旅游时间：全年

佩特拉古城几乎全在岩石上开凿而成，并以岩石的色彩而闻名于世

在充满阿拉伯神秘色彩的约旦，有一座雕刻在岩石上的梦幻古城——佩特拉。它身处约旦南部荒凉的沙漠中，是一处谜团萦绕的古代遗址。在希腊语中，佩特拉是岩石的意思。正如它的名字一样，佩特拉古城就像一个巨大的巢穴开凿在灼热的岩壁上。依山崖而建的佩特拉古城，是建筑史上的一个奇迹。20平方千米的古城，寺院、宫殿和住宅等建筑物都在岩石上开凿出来，蔚为壮观。

"令我震惊的唯有东方大地，玫瑰红墙见证了整个历史。"这是19世纪英国诗人威廉·伯根对佩特拉古城的赞美。有着"玫瑰红古城"之称的佩特拉古城是当得起这样的赞誉的，因为它实在是太美、太梦幻了。佩特拉古城的梦幻来自于有着珊瑚般微红色彩的岩石，整座佩特拉古城都修建在这些岩石上。纳巴特人不是用土筑墙，而是采用开凿石头洞穴的方式，在坚硬的岩石上修造出各种建筑：豪华的宫殿、恢宏的庙宇、独特的民居……这些建筑在阳光的照耀下发出瑰丽的红光，整座城市笼罩在这梦幻般的光芒中，仿佛琼楼仙阁一般，让人仿佛置身天堂。

在玫瑰色的山崖下，有一座奇伟雄浑的宫殿，叫作"卡兹尼宫"，又称"金库"。当

◉ 这里的山体岩石主要是赭色砂岩，游客正沉醉于这美丽的山色中

地人管它叫"法老的藏宝洞"，这是古城中最古老、保存最完好的石凿建筑。宫室建在陡峭而坚固的岩石上，分为上下两层。底层由6根圆柱支撑，顶层也是由6根圆柱附壁雕成，柱与柱之间是神龛，供奉着圣母、武士等神像。这些神像比真人还大，栩栩如生，威严肃穆，颇具神韵。整座建筑建在沙石壁里，在阳光的照耀下，沙石壁闪烁璀璨，神奇无比。

由山顶俯瞰佩特拉古城，看着脚下的群山，不由得想到更远处或许还埋藏着更多的秘密。佩特拉，这座古罗马历史中流传的圣境，被维多利亚时代的诗人用文字描绘成一幅历史的画卷，悠悠岁月，壮丽的东方宝藏依旧魅力无限，让到访者们沉迷。

温馨提示

❶ 在约旦，中国护照是落地签，不用拿照片材料，交钱就可以。
❷ 早晨与傍晚是观赏佩特拉风景的最佳时刻。
❸ 夜间参观时，古城的蛇道至卡兹尼会点起近万支蜡烛，四周是贝都因传统音乐，仿佛可以触摸到佩特拉古时的生活，让人难以忘怀。

第四章 神秘莫测的古城传说

雅典卫城

精神的守望者

当世界还沉睡在蒙昧的黑暗中,文明的曙光已在爱琴海缓缓升起。尽管现在的卫城已经是断壁残垣,历经沧桑,但它依然给予每一个参观者精神慰藉。

关键词:奇迹、神庙、石柱
国别:希腊
位置:雅典市中心西南
最佳旅游时间:4月至6月、9月至11月

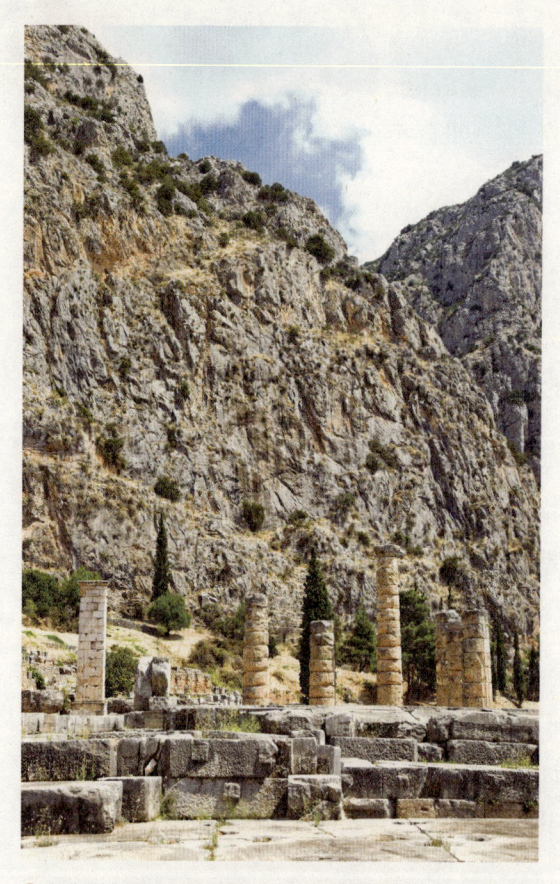

雅典卫城近景,这些建筑集中展示了希腊的古代文明

雅典卫城,是希腊的一颗宝石,是雅典的象征。雅典卫城是一曲古老的赞歌,是一段灿烂的历史,在与婀娜多姿的爱琴海的交相辉映中缓缓延续。它是一块集中了许多建筑、绘画和雕塑的宝地,可能世界上再也不会出现像雅典卫城一样的地方了。

站在像智者一样的阿克罗波利斯山顶上,可以看到远处的奇迹——美丽的雅典卫城。在希波战争中,雅典卫城曾遭到破坏。战争结束后,雅典人用了40年的时间来修补它的伤痕,最终使雅典卫城变成了古希腊文明的缩影,世界建筑史上的奇迹。

欣赏雅典卫城最好的时间莫过于早晨。雅典的第一缕阳光慢慢地从卫城中穿过,然后

◎ 俯瞰雅典卫城全景，恢宏大气，摄人心魄

照耀整个城市。沐浴在晨光中的雅典卫城庄严而祥和，古希腊留传下来的一砖一瓦都散发着神秘的魅力。走在这里要放轻脚步，以免惊扰了它们的美梦。用白色石灰石建造的帕提侬神庙是雅典卫城中规模最大的神庙，伴着蓝天与红日的交相辉映，它向世人展示着绝代的风华。

来雅典卫城参观游玩的人络绎不绝，此时的海浪虽已不那么澎湃，但依然壮美鲜活。山门是雅典卫城的真正入口，但它只剩零星的几根柱子。即使是这样，我们依旧能感受到它磅礴的气势。然而，眼前的种种残损破旧丝毫不带凄凉之意，反倒让人无端生出些许眷恋。那一根根屹立了千年的石柱，摸上去粗糙坚硬，叩之却铿然有声，这是它的灵魂在跳舞。坐在神殿的石柱下，日光从旖旎的云朵中照射下来，微风吹过廊柱，一切美得让人不由得闭上眼睛，用心去品味此时此刻。整个雅典卫城最吸引人也最令人震撼的，正是这一份历经苦难战乱洗礼却留存下来的平静。

漫步于残垣断壁之间，仿佛依稀可以听到柏拉图的雄辩、荷马的吟唱……当看到夕阳

优美的女像列柱结构完美，文艺气息浓厚

从雅典卫城的背后落入爱琴海时，不禁再次感叹雅典卫城的美丽。在这些残破之间似乎充满了对生活的信念，让我们意识到雅典卫城是一个不折不扣的精神守望者。

雅典带给人的惊喜超越了所有的神秘，而雅典卫城，是希腊的眼睛，是希腊精神的守护者，是尘世间每一个旅行者精神与理想的栖息地。

温馨提示

1. 雅典卫城东北方的吕卡维多斯山是欣赏雅典卫城日落的好去处，登上山顶可将整个雅典卫城尽收眼底。
2. 雅典卫城的最佳拍摄时间是清晨和傍晚，可以避开旅行团。
3. 雅典卫城上是禁止拍摄婚纱照的。

古蜀的秘宝在这里，它们堪称独一无二的旷世神品，想知道是什么吗？

三星堆
文明的起源

关键词：古蜀文化、青铜器、油菜花
国别：中国
位置：四川省广汉市
最佳旅游时间：全年

三星堆博物馆外环境布局巧妙，匠心独具，园内绿草如茵，湖光岛影，充分体现了博物馆"馆园结合"之特色

　　西南地区有不少古蜀文化遗址，但最有文化内涵、范围最大的非三星堆莫属。这座距今有几千年历史的古城遗址，与黄河流域、长江流域并列为中华民族的文明母体。三星堆保存有完整而且丰富的文物，证明了中华民族的文明起源和发展过程，因此三星堆

三星堆出土的文物

三星堆出土的青铜像，身形高大，鼻挺，眼大，极其威严

又被称为"长江文明之源"。如果说，传说中的炎黄二帝是中华五千年文明起源的精神信仰，那么三星堆和良渚就是华夏五千年文明起源的真实见证。

三星堆的发现很偶然，人们挖掘出许多代表青铜时代文化的文物后，便发现了这个古城遗址，又因为遗址内有三个黄土堆彼此相连，状如"三星伴月"中的三颗星星，因此被命名为三星堆。

随着挖掘的深入和出土文物越来越多，人们已经得知这是商代早期的一座城池，城墙保存完整，得以真实地再现出三星堆之前的面貌。人工夯筑的城墙长度加起来大约有两千多米，城池规模按照当时的社会发展来看，属于一个大城池。在城池里，人们挖掘出许多祭祀坑、青铜器、玉石器、陶器、金器、贝和象牙等，品种十分丰富。

青铜器的品种和造型也很多样，其中用具品种包括罍、尊、盘、戈等，装饰品品种有爬龙柱、大小人头像、立人像，还有各种各样的铜制器皿，如铜鸟、铜鹿等。这些青铜器都带有一种厚重古朴的历史韵味。其中，大小人头像的形象最有特点，不但具有浓郁的地方特色，而且表情极为夸张，但细细审视，又会感受到一股很强的威严气息。

三星堆里出土了很多金器，每一件都是精品，其中最为精美的要数金杖和金面罩。经过考察验证，三星堆是蜀人祭祀天地的场所，在商末周初之时，蜀人在这一带活动，他们铸造出各种精美的器皿，作为祭祀品献给天地，以此祈求风调雨顺，世道平安。现在，位

○ 油菜花开，一片金黄，增添了乡间田园缤纷的色彩

　　于广汉西北鸭子河畔的三星堆遗址被列为全国重点文物保护单位，在它的东北角，便是展览青铜器和其他文物的三星堆博物馆。在这里不但可以了解古蜀历史，还可以看到古蜀文化的保护、收藏和研究情况。时至今日，三星堆博物馆已经成为举世闻名的古蜀历史旅游胜地，到了三星堆，一定不要错过博物馆。

　　广汉特有的油菜花，也是三星堆的一大亮点，看油菜花尽量在每年年初去，因为四川的油菜花都是冬末春初时盛开。等到油菜花盛开的时候，站在三星堆遗址上，眺望金黄灿烂的油菜花，鼻翼间充盈着一阵阵清香，耳边还有蜜蜂的嗡嗡声。看着它们忙碌的身影，再回看历经沧海桑田的三星堆，不由得感慨生命相对的长和绝对的短，此时心中会油然生出珍惜生命的信念来。

温馨提示

❶ 到三星堆看油菜花的最佳时间是每年的3月上旬至4月初。
❷ 广汉离成都只有半小时的车程，游览完毕后可以返回成都住宿。

卡塞雷斯古城

纪念之城

为何这里会汇聚各种不同风格的建筑，经历了漫长的时间却又保存完好？谜底等你来揭晓。

关键词：要塞、防卫塔楼、独特
国别：西班牙
位置：卡塞雷斯省
最佳旅游时间：6月至11月

古城四周环绕着中世纪城垣

卡塞雷斯最早由阿拉伯人在9世纪占据时命名为"卡斯里"，意为要塞。后来，基督教徒和穆斯林之间产生纷争，他们抢夺地盘，有着重要价值的卡塞雷斯便成了他们争夺的目标，于是在4个时期里，卡塞雷斯反复易主。

卡塞雷斯古城全景

到了12世纪，卡塞雷斯落入来自马格里布的阿尔莫哈德人手里，并成为穆斯林的据点之一。阿尔莫哈德人一边在这里修建防御系统以防敌人进攻，一边发展经济，于是卡塞雷斯得到迅猛发展，很快便成为一座安定繁荣的城市。但这份安定很短暂，到1229年，莱昂王国国王阿方索九世将卡塞雷斯从摩尔人手里夺取过来，归为己有。

13世纪，伊比利亚半岛的贵族们也都赶来，他们凭着雄厚的财力和兵力将城池霸占，并大兴土木，卡塞雷斯很多豪华的建筑都是那个时期修建而成的，这些建筑群便是现在卡塞雷斯老区的雏形。

从14世纪开始，随着复地运动的结束西班牙人涌入卡塞雷斯，他们在这座封建城市里修建更大型的建筑，于是卡塞雷斯变成今天这般模样。

不同时代的建筑让卡塞雷斯城更加神秘。圣马行奥教堂建于14世纪，为单廊式，半圆拱上有扇形的穹隆。同期建造的圣玛利亚大教堂，是从罗马式向哥特式转型时期的建筑。18世纪中叶，耶稣会建造了圣弗兰西斯科哈比埃尔教堂。这是一座三廊式建筑，有宽大的翼廊，采光窗上部是半球状的穹隆，它的正面有两座用粗石堆砌的四角呈柱状的塔。卡塞雷斯古城有不少贵族住宅，14世纪建造的穆德哈馆，是城里现存的唯一一座托莱多风格的建筑。戈鲁费奈斯·德·阿巴霍宅是卡塞雷斯古城最美的民间建筑。

卡塞雷斯是一座要塞之城，城墙上建有许多防卫塔楼。城西有5座塔楼，其中最著名的是布哈克塔，它守卫着进入市区的大门。长方形的塔楼，用石块堆砌而成，坚固无比。塔楼楼顶有根据西班牙君主斐南和伊萨伯拉的命令而保存下来的城垛。古城大门有建于

○ 古老的城墙内，保留着密集的不同时代、不同风格的建筑

13世纪的圣阿纳拱门、18世纪的星门和罗马时代的基督门。12世纪建造的列敦达塔楼以马蹄形拱门而闻名于世。

14世纪至16世纪，卡塞雷斯城曾受到多种势力的统治。虽然其城防建筑、宫殿以及塔楼决定了城市的空间布局，但是由于受到阿拉伯伊斯兰教艺术、北欧哥特式、意大利文艺复兴式以及美洲新大陆艺术等不同甚至是相对抗风格的影响，使得卡塞雷斯城的建筑风格分外独特。

卡塞雷斯和其他城市中的古城区大相径庭，这座被围墙包围的古城区，居民非常少，人们都住在城墙之外。这里几乎是一座空城，而这似乎又为卡塞雷斯笼罩上了一层神秘的面纱。

温馨提示

❶ 西班牙人习惯喝冷水，酒店房间内没有热水供应，酒店内的自来水可直接饮用。

❷ 酒店不提供拖鞋及洗漱用品，需自备。

073

罗马
美丽的七丘城

2700多年的历史在这里沉淀、发酵，无数个世纪在这里重叠、辉煌，那些灿烂的瞬间变成人们永恒的记忆。

关键词：七丘城、竞技场、许愿池
国别：意大利
位置：意大利半岛中西部
最佳旅游时间：4月至9月

特雷维喷泉，游客通常会在此地许愿

罗马最初建在了景色秀丽的七座山丘之上，所以又被称为"七丘城"。罗马古城随处可见罗马帝国的遗迹，虽然大多已残缺不全，但依然默默矗立，使这块土地散发出一种浓浓的高贵和顽强的气息。同时，这座历史久远的罗马城，是条条大路的终点，是精神追求的最远端。

◉ 古罗马斗兽场，是古罗马帝国专供奴隶主、贵族和自由民观看斗兽或奴隶角斗的地方

  沿着威尼斯广场旁边的石路慢慢走，你会看到宏伟高大的古代议会大门和庙宇。这里的街道并不是很宽，两边的建筑似乎是因为经过了岁月的洗礼而显得斑驳不已。路的两边没有林立的摩天大楼，也没有奢华的都市气派，却可以轻易地感动你我。走到最繁华的城市中心，留给世人的仍是残垣断壁，也许世界上只有罗马愿意把这空旷的废墟保留在城市中心。

  罗马古城里最负盛名的大概就是古罗马竞技场了，它的设计和建造可以说是人类创造的一个奇迹。漫长的时间使它那淡黄色的大理石砖墙变成了黑色，只能看到无数的巨型大理石拱门和圆柱。漫步在这片废墟中，触摸着古物给我们带来的震撼，伫立在这里，似乎可以感受到自己正身处时空隧道里。闭上双眼，那阵阵的喊杀声、叫好声、兵器交接声混杂在一起，仿佛置身于帝国时代狂热的观众中观看角斗士惊心的厮杀场面。它见证了历史的荣耀与野蛮，它承载着时光的流逝与环境的变迁。

  其实，罗马也有美丽温柔的一面，许愿池（特雷维喷泉）可以说是罗马最浪漫温馨的

◎ 罗马文艺气息浓厚,是情侣的度假天堂

地方了。大理石的海神雕像栩栩如生,精美无比。泉水从层层岩石的罅隙中涌出,最终汇成巨大的水池。据说站在喷泉前面,背向它投一枚硬币,就可以许三个愿望,但其中必须有一个愿望是"回到罗马"。许愿池在阳光下熠熠生辉,映衬着那满池的硬币,折射出绚丽的色彩。

　　罗马,这座城市分布着众多承载历史和传说的古迹。走在罗马的街道上,随便捡起一块石头,就有可能是时代的见证者,在它的背后可能有说不完的故事。这里处处充满着诱人气息,让人情不自禁地迷失在这座美丽的七丘城中。

> **温馨提示**
>
> ❶ 在罗马中央车站内有旅游咨询中心,可以免费领取罗马地图,以便对罗马有个初步的印象。
> ❷ 夜间公共汽车行驶时间是 0:10—5:30,乘坐夜间的公共汽车观赏夜色里的罗马是另一种体验。

第四章　神秘莫测的古城传说

巴比伦古城遗址

人类文明的发祥地之一

据说这里有《圣经》中记述的未能完成的"通天塔"。

关键词：塔庙、女神门、空中花园
国别：伊拉克
位置：巴格达以南90千米处
最佳旅游时间：全年

巴别塔，传说中能通往天堂的高塔

有"神之门"之称的巴比伦，地处交通要道，同时为古、新巴比伦王国的首都。早在公元前2000年，巴比伦就已经是西亚最著名也最繁华的政治、经济和文化中心了。如果再往前追溯，可以发现，在公元前2350年，巴比伦便已经有人类生息繁衍，因此可以说，巴比伦是人类文明的发祥地之一。

古代两河流域的建筑水平极为高超，这一点，在巴比伦古城的建筑中得到最充分的体现。且不说那些壮丽豪华的宫殿，仅埃特梅兰基塔庙就足以显示古巴比伦人精湛的技术，这座附属于埃萨吉纳大庙的塔庙共有7层，最底端的基座边长和高度均约91米。而更引人注目的是每层由釉砖砌成，色彩斑斓，十分漂亮。塔顶的神庙专门供奉玛克笃克神金像，外身也是满铺釉彩，看上去精美绝伦。女神门是古城古建筑中的精华，在这里，

中世纪的石柱,依然耸立在这座古城之中,似乎在完成未竟的使命

除了看神庙,还要看一看这扇门,它高12米,宽度是高度的数倍。门墙上有釉彩动物图案,这些动物形象十分生动。

  从公元前539年开始,波斯人、马其顿国王亚历山大和帕提亚人先后占领了巴比伦,战争让巴比伦的发展停滞下来,最终在战争中沦为一片废墟,那彰显巴比伦繁荣昌盛的120尊石狮子也遗落在历史的长河里,无迹可寻。

  到了巴比伦,一定要看一看空中花园的遗址,它被列为古代世界七大奇观之一。所谓"空中花园",只是希腊文的意译,并非指在空中建造的

这些断壁残垣,似乎讲述着往事

◎ 从坚固的城墙，仍能看出当年的繁荣景象

花园，而是一座修筑在高处的花园。传说空中花园的建造者为新巴比伦王国国王尼布甲尼撒二世，他颇有才华，修筑了许多气势宏伟的宫殿，空中花园更是将他的建筑才华展露无遗。这座花园是专门为米底的公主安美伊迪斯修建的。当时，公主远嫁至此，心里对故国甚是思念，为了哄爱妃开心，国王便在幼发拉底河河畔修筑高台，并在高台上兴建花园。花园里的建筑错落有致，逐层高升，每层都种植奇花异草，高墙壁上镶嵌有许多彩色雄狮，十分漂亮，公主行走在空中花园里，心情大好。因为修建在高台上，远远望去像是悬在空中，所以取名空中花园。

而今的空中花园，早已不见了国王、王妃的身影和当时建筑的盛况，恩爱和繁华都随风飘散，唯有这斑驳遗迹在默默诉说着过往的一切。

温馨提示

❶ 伊拉克为沙漠气候，请携带防晒用品，注意防沙。

❷ 请携带手电筒等照明设备，伊拉克可能会停电。

075

古格王国遗址

帝国的余音

300多年前，神秘的古格王朝一夜之间在历史上消失了，留给我们的只有那记录古格灿烂辉煌文化艺术成就的遗址。

关键词：金银佛像、壁画
国别：中国
位置：西藏自治区阿里地区札达县
最佳旅游时间：全年

古老城堡的断壁残垣与脚下的土林浑然一体

巍峨的古格王国遗址由曾经拥有百万金戈铁马的藏王朗达玛后裔所建，距今已有1000多年的历史，给后人留下了无数珍贵的文物和历史资料。

古格王国遗址是用周围土林的黏性土壤修建而成的，为全国首批重点文物保护单位之一。遗址从山麓到山顶高300多米，到处都是和泥土颜色一样的建筑群和窑洞。除几间寺庙外，其他房舍已全部塌顶，只剩下一道道土墙。遗址的外围建有城墙，四角设有碉楼。整个遗址建在一座小土山上，建筑分上、中、下3层，依次为王宫、寺庙和居民区。

城墙仍在，王朝已被湮没在历史的长河中

古格王国的富强，或许与它盛产黄金和白银有很大关系。在这里发现过一种用金银汁书写的经书，而且出土的数量极大。这种经书书写在一种略呈青蓝色的纸上，一排用金汁书写，一排用银汁书写，在阳光下金银闪烁，奢华程度无以复加。

古格雕塑多为金银佛像，佛像用金、银、铜等不同的原料合炼而成，工艺精湛，通体无接缝如自然形成，其价值甚至超过了纯金佛像。其中，最为神奇的是一种名叫"古格银眼"的铜像，只有古格才能制作，更是被视为佛像中的精品，因为极少流传于世，所以显得尤为珍奇。

遗迹中保存数量最多、最完整的是壁画。古格壁画风格独特、气势宏大，较为全面地反映了当时社会生活各层面的状态。所绘人物性格突出，用笔洗练，丰满动感的女性人物最具有代表性，而且色彩鲜艳，至今保存较好。

古格王国遗址内壁画保存完好的殿堂建筑有5座，分别是红殿、白殿、度母殿、大威德殿、坛城殿。其中，红殿、白殿、度母殿和大威德殿集中地分布于遗址山下，坛城殿则位于山体的顶部。遗址建筑在彩绘、泥塑、雕塑艺术等方面都具有很高的价值，是古格王国时期遗留下来的完整作品，也是古格建筑及艺术的代表。

废墟中的残垣断壁，依然能让人想象出昔日的繁华盛景

　　整个王宫建筑在山顶上，四周全部是悬崖峭壁，险不可攀，只有一条曲折幽暗的登山隧道连接半山腰与山顶王宫区。爬到山顶后眺望，果真有帝王的气势。远处就是成片绵延的土林，最上面有一些经幡，在土黄色建筑中非常显眼。纵览全城，东西两侧的山沟、北部开阔地带尽收眼底，仿佛整片大地都被踩在脚下。

　　古老而神秘的古格王国，就如一座巨大的迷宫，将太多的秘密深锁其中。古格的神秘面纱等待着你去揭开。

温馨提示

① 古格王国遗址位置偏僻，交通不便，建议包车或者自驾前往。

② 因高海拔以及需要向上步行登高，建议做好预防高原反应的措施并带足饮用水。

③ 从札达进入古格王国，需要先到公安局登记开证明，再到文化局购买门票。

第四章　神秘莫测的古城传说

天下第一陵

第五章

地球文明的最的遗存

这里是涤荡人们心灵的场所，
无论是梵音，
先者的白骨，
还是传说中的神话，
都是人们内心所尊崇的。
之所以存在，
是因为相信。

巨石阵

历史的困惑

一驻足，聆听宇宙洪荒的声音。

关键词：神秘、史前遗迹　　**位置**：英格兰威尔特郡索尔兹伯里平原
国别：英国　　　　　　　　**最佳旅游时间**：全年

○ 巨石阵主要是由许多整块的蓝砂岩组成，不少巨型石块横架在两根竖直的石柱上

　　在英国的索尔兹伯里平原上，一些巍峨的巨石呈环形屹立在绿色的旷野间，这就是英伦三岛最著名、最神秘的史前遗迹——巨石阵，又被称为索尔兹伯里石环、太阳神庙、史前石桌、斯托肯立石圈等。据推断，巨石阵约建于公元前2000年，是欧洲著名的史前时代文化神庙遗址。

巨石阵是谜一样的存在，这些巨大而高耸的石块竖立在荒野、山脚，甚至在过去的沼泽地区，而当地并不是石场，这些石块就如同金字塔的石块一样，是从远处搬运过来的。

根据推算，巨石阵已经有4000年以上的历史，现在所剩的石头大大小小约有38块。这些石头因为经过长时间的风吹日晒，表面产生了许多奇形怪状的凹洞。巨石阵排列成一个同心圆的形状，石块大致为长方形，直立在地面上，高度超过4米。而在相邻的石块之上，还有石头横躺在顶部，有的横跨两块，有的甚至横跨4块，排列成一幅奇特的图案。

○ 巨石阵的主体由几十根巨大的石柱组成，这些石柱排成几个完整的同心圆

巨石阵在一片宽广平坦、绿草如茵的原野上矗立着，较近的地方有一条整齐优雅的公路绕行而过，现代文明的产物汽车从这里不停地驶过，巨石阵独自在这里栖息，散发着经久不衰的神秘古老气息。这个由无数硕大无比的石柱围成的建筑遗迹，由高空俯瞰呈圆形，太阳东升西落，公路记录着汽车行驶的轨迹，而这里，记录了太阳运行的轨迹。

由于年代久远，石柱上已经长满绿色的苔藓植物，斑驳爬行，点缀着沧桑且异常坚毅的古代建筑。阳光从石柱之间的缝隙里穿行而过，投下了长长的石柱影子。只要来到这里，人们就会惊叹于这样的事实，如此广袤的原野里连一块稍大些的石头都找不到，怎么会有如此巨大的石柱群屹立在这里呢？如此突兀的石柱和其数千年之久的历史，的确值得所有人为此着迷。

温馨提示

① 伦敦离巨石阵很近，交通方便，可以随时抽出时间去游览。

② 傍晚是观看巨石阵的最佳时间，此时的阳光照射在巨石上，投下长长的影子，或是穿过巨石间隙，形成一道道光柱，让整个景点充满一种难以言表的神性之美。

第五章 地球最文明的遗存

193

内姆鲁特山

人神共舞

> 这是希腊时期最能体现科马吉尼王朝勃勃雄心的建筑之一。

关键词：陵寝、巨石头像　　位置：安纳托利亚东南部
国别：土耳其　　最佳旅游时间：全年

夕阳下的陵寝全景

　　内姆鲁特山位于土耳其安纳托利亚东南部。山上有一个高49米、直径152米的圆锥形陵寝，里面安葬着古代科马吉尼王国的国王安提奥克斯一世，在陵寝的东西两边，除了设有祭坛，还分别竖立着许多巨大的石像，都是安提奥克斯一世崇拜的神灵，有宙斯、阿波

罗、大力士以及许多神兽，当然还有安提奥克斯一世本人。其中最大、最负盛名的巨石头像，就是安提奥克斯一世本人，他头戴三角形王冠，目光深邃凝重，胡须卷曲且浓密，极具王者风范。这些足以显示他王权的威严与神圣。石像虽历经沧桑，身体部分已经碎裂得无法辨认，只有众多巨大的头像仍然保存完好，但在朝晖和夕阳里，却散发着无尽的神秘气息。

在陵墓往西的高地上，依序摆设着安提奥克斯国王与阿波罗、宙斯、大力士等神的头像的浮雕，一幅人神共舞的画面栩栩如生。紧紧相邻的是一块"国王星占图"的浮雕石板，雕镂着从脖子上垂下弯月的狮子和19颗星星。狮子背上的3颗星比其他的星星大，分别代表水星、火星和木星。上面绘制的是公元前61年7月7日的星相图。那天水星、火星和木星这3颗行星在狮子座四周排列成一条直线，而那天也正是安提奥克斯举行国王加冕仪式的日子。这种星相图为安提奥克斯的统治赋予了神授的意境，而在他死后，此星相图也昭示着他不朽的灵魂。安提奥克斯一世用众神的巨石像装饰自己的陵寝，以显示自己和神灵的共通性，还通过浮雕向人们展示自己已经进入神灵的世界，并与神灵为友。浮雕刻画的内容是他与众神并列，这也是在向世人展示着他自己神性的一面。

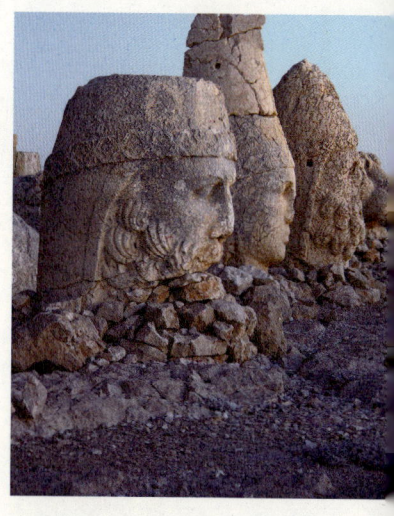

倒塌的神像，只剩下了头部

每当太阳将要升起的时候，彩霞透过祭坛，照在每座石像的脸上，石像就从黑暗的夜色中走出，从灰色变成淡黄色，又从淡黄色变成橙色。当金色朝阳喷薄而出时，掩映在无垠的湛蓝天际中的内姆鲁特山顶被披上了金灿灿的斗篷。在空无一人的山脉中，绚丽的朝阳照耀着山上的每一块岩石。这里的风景实在是太神秘太精彩了，站在灿烂的阳光里，站在古老的石像面前，站在内姆鲁特山之巅，轻轻抚摸着这里的石像，观赏着眼前的美景，品味着人类千万年的沧桑巨变，体会着人类文明的荣辱兴衰，你的思想早已穿越时空，感受到人类过去的辉煌，也感受到我们希望的未来。

世界遗产委员会评价："这里是安提奥克斯一世的陵墓。他当时统治着科马吉尼—亚历山大王国解体后在叙利亚北部和幼发拉底河建立的王国，是希腊时期最能体现勃勃雄心的建筑之一。这里的众神合一和王室血统可以溯源到希腊和波斯两个系列的传说中去，这一点反映了这一王国文化的双重起源。"

> **温馨提示**
>
> ❶ 土耳其是肉食者的天堂，蔬菜也鲜美，代表性的季节沙拉"萨拉特"，用的都是新鲜的蔬菜，如小黄瓜等，再淋上土耳其自产的优质橄榄油，清脆爽口。
>
> ❷ 土耳其国铁以东方快车而驰誉，但存在线路少、车次少的问题，不如搭乘长途巴士方便。

第五章 地球最文明的遗存

195

吉萨金字塔群

古埃及的名片

唯有触摸,才觉震撼;唯有亲历,才感时空交错。

关键词:法老、太阳神、离奇诡异
国别:埃及
位置:开罗市西
最佳旅游时间:10月至次年4月

胡夫金字塔东面是斯芬克斯狮身人面像

　　埃及吉萨金字塔群是世界七大奇迹之一,它们耸立在尼罗河两岸的沙漠之上,距古埃及的首都孟菲斯不远。这些金字塔是古埃及时期取得的最高的建筑成就,它们如此高大,使人们很容易相信它们是神或巨人所建造的。更令人感到神秘的是,据说最早发现这些金字塔的考古学家和游客相继死于非命,于是,人们开始传言,这些惊动了法老的人都中了法老的诅咒。

　　这里三座最大、保存最完好的金字塔属于第四王朝的三位法老——胡夫、哈夫拉和门卡拉。这三座金字塔位于尼罗河西岸,大沙漠东缘。古埃及人相信将墓葬建在西岸,王者可以由西边死亡，再由东边复活，循环往复。金字塔群全部背靠无垠的金色沙漠，与自然背景结合成一幅宏伟豪迈的图画。

金字塔下还有一座浅色建筑——太阳船博物馆，博物馆是建于当年发现太阳船的原址之上的，博物馆内展览的是从胡夫墓中发掘出的木质太阳船。出土的太阳船，距今已有4600多年的历史，太阳神在古埃及人心目中具有不可替代的地位，象征着光辉和力量。在古埃及神话中，太阳神每天早上乘太阳船从东边起来到西边落下，晚上在地下绕一圈又从东边回来。法老的墓穴中有太阳船是因为他希望死后能跟随太阳神一同周游宇宙。在胡夫金字塔底部，发现有5个放置太阳船的坑穴，但其中3个是空的。

与金字塔相伴的骆驼

由于其雄伟神秘且独具魅力的建筑设计，以及刻在胡夫金字塔上的诅咒——"无论谁打扰了法老的安宁，死神之翼都将降临在他头上""任何怀有不纯之心进这坟墓的，我要像扼一只鸟儿一样扼住他的脖子"引发的一连串离奇诡异的死亡事件，使得埃及金字塔不仅成为所有考古学家、探险家、天文学家梦寐以求的科考之地，也是激发众多文学家、电影工作者、艺术家等艺术工作者无穷想象力与探索欲的地方。众所周知的美国电影《木乃伊》三部曲和《博物馆奇妙夜》《罗浮宫魅影》《古墓丽影》等影片，都是根据古埃及金字塔的历史和遗址而勾画的令人心驰神往的魔幻殿堂。

骑着一头骆驼，漫步于金字塔前，夕阳将影子拉得长长的，忽然感觉到时间的苍茫、宇宙的浩瀚。不禁要问，金字塔真的可以让人永恒吗？那法老们的灵魂又去向了何方？抓起一把沙子，任它们从指缝间轻轻滑下。忽然想到，这些沙子无论如何都会落下，就像我们的生命，总有停止的一刻。但在风中，有的可以飘得更远、更多姿。既然如此，我们为何不做一粒随风飞舞的沙子呢？

> **温馨提示**
>
> ① 离大金字塔约5分钟车程或景区中沿着公路步行约20分钟有一个高地，是拍摄金字塔全景的好去处，千万不要错过。
>
> ② 每天的日落时分是拍摄金字塔的最好时间，但因金字塔晚上有声光秀表演，下午4:30就要开始清场，一定要掌握好时间。

秦始皇陵

了解君王身后事

世界上最大的地下皇陵,秦都咸阳的原型,等你来揭秘。

关键词:奇迹、兵马俑、世界之最
位置:陕西省西安市
最佳旅游时间:全年
国别:中国

◎ 保存完好的兵马俑形体高大,比例匀称,形象生动,神态逼真

世界是多彩而神秘的,有很多事情是很难解释清楚的,因此,就有了所谓的"世界八大奇迹"。而中国的秦始皇兵马俑则被称为"世界第八大奇迹",你知道它是怎样被发现的吗?

其实秦始皇陵兵马俑的发现很有意思。在1974年,我国的陕西省干旱少雨,用水困难,因此,当时的临潼县西杨村决定打一眼井,队长杨培彦组织杨新满等村民打井。当井打到3.5米深时,在西壁发现了红色坚硬瓷土。有的人大喊:"看,古窑!"人们继续往下挖,接下来出现的一幕更让他们惊奇:他们竟然发现了陶制的人头、残身断肢、铜箭头、弩机。当他们挖到4.5米深时,竟然发现了一层秦砖,碎陶片更是遍地都有。可是大家都没在意,有的人把挖出来的铜器卖给供销社,而有的人干脆把秦砖拿回家当枕头。

事情就是这么富有戏剧性,这个消息不久就传到了公社干部房树民耳中。他专门来到打井现场,要求停止挖掘,并向上级汇报。因为他认为这些东西可能和秦陵有关。文化馆工作人员立即从供销社和老百姓家中收回了文物,并组织群众筛土收集文物。

随后,这些陶质残肢碎片被县文化馆赵康民修复粘成了3个大俑,命名为"秦代武士

秦始皇陵在巍巍峰峦环抱之中与骊山浑然一体，景色优美，环境独秀

俑"。如果事情到这里就结束的话，它也就不能被世人瞩目了。这几个大俑被在家中休假的新华社记者蔺安稳发现了，他撰写的《秦始皇陵出土一批秦代武士俑》一文于同年6月在《人民日报》内参上发表。该文引起了中央领导的高度重视，于是组织了专家组去勘察清理。1979年10月1日，秦始皇兵马俑博物馆正式开馆，对外展出。

在西方人眼里，秦始皇是"中国的拿破仑"。他13岁就继承了秦国王位，22岁正式登基亲理朝政，开始了他一生轰轰烈烈的政治生涯。秦始皇陵是中国历史上第一个皇帝陵园，其规模之大、结构之奇特、内涵之丰富堪称世界之最。

陵园再现了秦国都城咸阳的布局构造，总面积相当于78个故宫。相传宫殿地下用水银做江河湖海，顶上用明珠做日月星辰，用鱼油燃灯，以求长明不灭，极尽奢华。为了让秦始皇安息，陵墓四周有400多个陪葬坑和墓葬。考古学家发掘出3处兵马俑坑，出土的大约6500个兵马俑都是仿照真人、真马制成的。武士俑高约1.8米，面目各异，神态威严。据考证，兵马俑的原型是与秦始皇生活在同一个年代的人的形象，为研究秦文化提供了重要依据。

兵马俑坑，是秦始皇陵的陪葬坑

　　此外，秦始皇陵长期存在一系列疑问，如秦始皇真墓是否就在封土堆之下？墓室埋深多少？地宫结构尺寸怎样？墓室是否坍塌进水？墓室内所藏珍宝是否如史书记载的那样？是否被盗？这些皆是不到开挖之日就无法解开的谜团。

　　秦始皇兵马俑是可以和埃及金字塔及古希腊雕塑相媲美的世界文化遗产，它们充分表现了2000多年前中国古代劳动人民卓越的艺术才能，是中华民族的骄傲和宝贵财富。想一探究竟就亲自来陕西吧。

温馨提示

❶ 区间巴士在秦始皇陵与秦兵马俑之间往返，可凭门票免费乘坐，乘车地点分别为秦始皇兵马俑博物馆售票厅东侧停车场、秦始皇帝陵博物院以及骊山园东门外停车场。

❷ 西安的美食很多，但多属油腻刺激的，建议根据自己的情况选择。

❸ 西安的日照强烈，需携带帽子或遮阳伞、太阳镜，注意防晒。

080

泰姬陵
王妃之谜

> 泰姬陵在水中的倒影呈现了泰姬的少女形象，这到底在昭示着什么？

关键词：瑰宝、价值连城、雄伟壮丽
国别：印度
位置：距新德里200多千米的阿格拉城内
最佳旅游时间：10月、11月

正中央是陵寝，在陵寝东西两侧各建有清真寺和答辩厅。这两座式样相同的建筑，对称均衡，左右呼应

泰姬陵是一座由白色大理石建成的巨大陵墓清真寺，是莫卧儿皇帝沙·贾汗为纪念他心爱的妃子于1631—1648年在阿格拉建造的。泰姬陵是印度穆斯林艺术最完美的瑰宝，是世界遗产中令世人赞叹的经典杰作之一。

泰姬陵的前面是一条清澄水道，水道两旁种植有果树和柏树，分别象征生命和死亡

　　泰姬陵始建于1631年，除汇集全印度最好的建筑师和工匠外，还聘请了中东地区的建筑师和工匠，耗尽了国库库存，从而导致莫卧儿王朝的衰落。泰姬陵用大理石筑成，这些大理石来自于322千米外的采石场，本不是纯白色，只是因为大理石表面镶嵌了宝石，在阳光的照射下，宝石折射出光芒，才会使泰姬陵变得纯白无瑕。建造所有墙体用的都是大理石，就连陵园那黑色的文字也是大理石制作的。撇开历史原因和爱情故事所赋予泰姬陵的意义，只是泰姬陵本身就价值连城。这是因为泰姬陵的每一处都镶嵌了宝石、珍珠和银钉，还有金质栏杆和银质大门，它的每一个角落都散发着光芒。也正是这个原因，才会引起无数窃贼觊觎，因此每年泰姬陵都会被窃贼光顾。不过，虽然经常有宝石和银钉等饰品被偷走，泰姬陵依然雄伟壮丽，倾倒世人。

　　泰姬陵有怎样的形制呢？它坐落在一个风景区内，庄严雄伟的门道象征着天堂的入口，上方有拱形圆顶的亭阁。沙·贾汗想在亚穆纳河的另一边为自己建一座同样的黑色大理石陵墓的传说似乎没有太多的真实性。沙·贾汗的儿子奥朗则布于1658年宣布为帝，并把父亲软禁在阿格拉一个城堡内达8年之久，一直到他父亲去世。沙·贾汗被软禁时能从城堡远远眺望泰姬陵，不过后来他也被葬在泰姬陵中。

从建筑的角度看，泰姬陵代表了莫卧儿王朝建筑成就的高峰。陵墓矗立在一个底座上，上面饰有光塔，人们对它怀有与清真寺同样的崇敬心情。

泰姬陵能够保存到今天也是一个奇迹。因为就在泰姬陵建成大约1个世纪之后，整个南亚次大陆沦为英国的殖民地。征服者不仅掠夺了印度的财富，还要毁灭它的文明。泰姬陵被改造成了英国青年们娱乐的舞厅，甚至是聚餐的场所。他们还将铁锤、凿子带了进去，以便在酒醉饭饱之后敲凿陵墓上的宝石和珍珠。更有甚者，传说曾经有人还制定了一个拆掉泰姬陵拍卖的计划，连施工机械都已经开进了陵园。后来由于种种原因宣告失败，才被迫放弃了这一计划，使泰姬陵得以保存下来。

如今，泰姬陵是印度的骄傲，世界的奇迹。你是不是也想亲眼见到这座为爱而生的建筑？百闻不如一见，那还等什么？

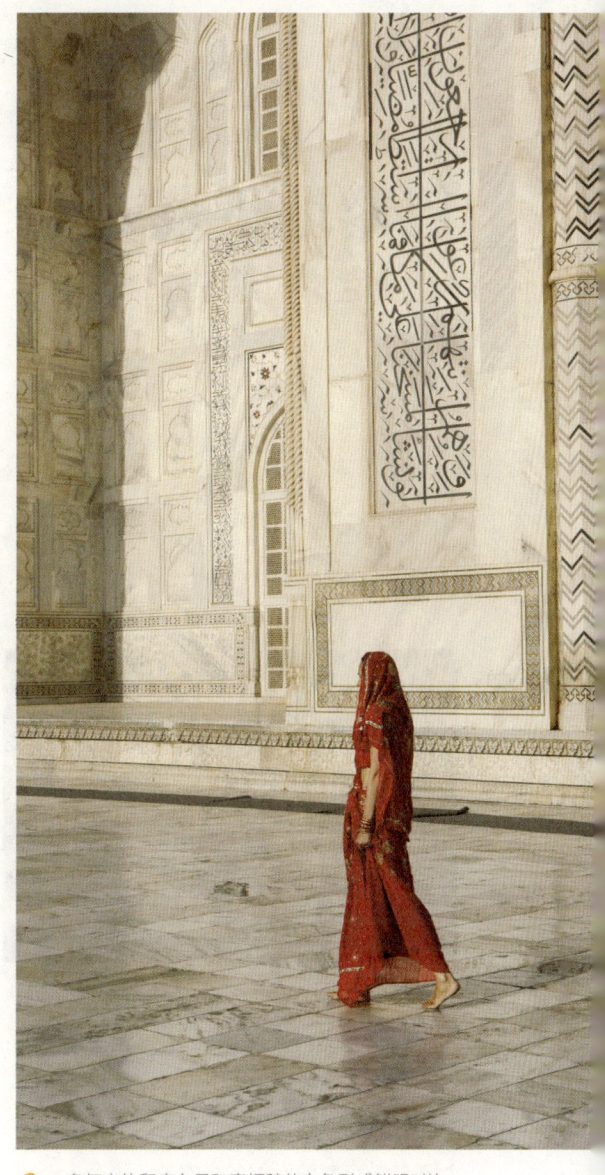

○ 一身红衣的印度女子和泰姬陵的白色形成鲜明对比，互相映衬，分外动人

温馨提示

❶ 泰姬陵每周五只对当地穆斯林开放，请合理安排时间。

❷ 游客穿过甬道、水池，从大门一直走到陵墓后，要想拾级而上，必须先脱鞋，以表示尊敬，即使外国政要也不例外。

第五章 地球最文明的遗存

203

巴黎地下墓穴
"亡灵之都"逸事

回到地面，再一次呼吸到新鲜空气的你，一定对死亡有了新的认知。人的骨头可以这样不计尊严地堆放，却又被堆放得如此有尊严。

关键词：恐怖、死寂、墓穴
国别：法国
位置：巴黎4区、5区和15区的地下
最佳旅游时间：全年

墓穴内整齐的骨头墙

巴黎，在人们的心目中似乎永远是流光溢彩、艺术氛围浓厚的大都市。可是，就在这繁华之都的脚下，竟是另一番景象：阴森恐怖，死寂无声，俨如人间地狱——600万巴黎市民的遗骸长眠在第14大区的地下。入口处上方，一行铭文赫然在目："先人墓区，闲人止步！"

然而，当你的爱人在老佛爷百货与凡登广场流连忘返，当塞纳河吹来软软细风，当没完没了的艺术馆使你的神经麻木，你会不会觉得巴黎实在是个太温柔的城市？浪漫的名字掩盖了这个古老城市的许多个性，再去一次巴黎，也许你会找到它的另一面：历史、光荣、神秘、恐怖与放肆——这个城市的伟大就在于它的丰富。

18世纪，巴黎天花肆虐，无数市民在这次瘟疫中死亡，公墓很快便被占满，看着亟待处理的尸体，市长下令将死者挖坑填埋。等尸体腐烂分解后，再把骨头取出来重新安置。后来，人们把骨头取出来，但实在是太多了，地上面积依然远远不够用，于是，有人提议用废弃的采石场充当墓地，这便是后来天下闻名的巴黎地下墓穴。地下墓穴是个隧道，共有300千米长。1994年，巴黎政府向世人开放了地下墓穴其中的1000米，人们这才得以见到它的真容。宽2米的地道虽然有2～3米高，但十分昏暗潮湿，地道一侧成堆的骨头又增添了阴森的气息。

墓区内部为石灰石基岩构造，如同城堡一般坚固，而里面的氛围却叫人心惊肉跳

  地下墓穴本来是由石墙和骨头墙组成，但现在里面却布满一排排电缆线。原来在20世纪初，政府为了节省成本，将通信管道铺设在隧道里。随着科技发展，这些通信设备被废弃，变成了隧道的另类景色。地下墓穴在第二次世界大战中还被开发成法国的秘密指挥部以及市民战时的避难所。

  毫无疑问，法国名人也多长眠于此，其中有讽刺作家弗朗索瓦·拉伯雷、哲学家孟德斯鸠和帕斯卡、科学家拉瓦锡、诗人兼作家拉·封丹、大革命时期的罗伯斯庇尔及其政敌丹东、女作家赛维妮、路易十五的情妇蓬帕杜，甚至还有莫扎特的母亲。

  几百年过去了，今天，当你走进这些地道时，除了感叹地道本身的通达，更会惊讶地发现，大腿骨被排列成了比较整齐的骨头墙，碎骨头则用来填充缝隙，而头盖骨则在大腿骨组成的墙上镶了几道边。在这里骨头好像是客观存在的创作素材，让人忘记他们曾经是血肉之躯，是灵魂的载体。

温馨提示

❶ 墓穴每周一不开放，周二游客会很多，请合理安排旅游时间。

❷ 参观墓穴要自备手电筒。

第五章 地球最文明的遗存

青朴修行地

净化心灵的家园

如果说神秘的藏传佛教令人心中充满信仰的话，那么青朴就是净化心灵的修行地。

关键词：庵子庙、温扎寺、红岩洞
国别：中国
位置：西藏自治区山南扎囊县
最佳旅游时间：全年

◎ 山脚下矗立着古色古香的建筑

　　青朴修行地位于海拔4300米的纳瑞山腰，它距离西南位置的桑耶寺仅7500米。纳瑞山多为荒山秃岭，呈现出没有活力的土黄色，唯独这里生机勃勃，小溪在葱茏的树林潺潺流淌，蝶儿鸟儿在繁盛的百花间上下翻飞，恍若世外仙境一般。正是这样的美景吸引了无数人来此。

　　青朴三面环山，正南面敞开处正对着雅鲁藏布江的宽广河谷。由于深居大山深处，溪

◉ 虔诚修行的人们

流潺潺，植被茂密，青朴修行地冬无严寒夏无酷暑，常年气候温和。在这里到处生长着生命力顽强的草木。树林里，各种各样的野花互不相让，不时有飞鸟从空中掠过，唱出清脆悦耳的曲子。五色经幡随处可见，迎风飘荡，路边的石块上还可以看到藏文摩崖石刻，大部分是各种颜色和各种字体的六字箴言。这一切让人不禁赞叹藏族人的智慧，他们将美景和信仰结合在一起，孕育出神秘多彩的藏地风情。

青朴修行地的山中有108座修行山洞和108处神泉，历史上曾在此修行过的寂护大师、莲花生大师、藏王赤松德赞及金刚乘大师白若杂那等，都在此留下数不胜数的圣迹。位于山顶的莲花生修行洞格乌仓和下面的措杰洞、法王洞、鲁堆琼钦洞，都已成为朝圣者、旅游者向往的名胜。

山脚下的庵子庙，是青朴最有名的寺庙之一。庵子庙是一座尼姑庵，庙内的摆设与西藏其他寺庙没有区别，只是墙壁上的壁画都是以尼姑为主。在徒步青朴的途中，可以看到很多简陋的小房子，条件好些的用石头砌成，差些的就只支个棚子，还有人直接住山洞。这就是著名的修行者的居所，很多人就居住在这里，常年静修。

再往上走，就是温扎寺了。一进寺门，迎来的便是一排排、一盏盏点亮了的酥油灯。酥油灯在藏传佛教信徒心中十分重要，那一盏盏的酥油灯，传达着信徒无限的虔诚和祈愿，把酥油灯比作信徒们的精神之灯一点都不过分。

山上随处可见的经幡，表现了虔诚的信徒对神灵的敬畏

温扎寺之上，就是莲花生大师修行过的红岩洞，这里是整个青朴修行地的最高点。大师的修行洞并不宽敞，洞内正中的佛龛中供奉着莲花生大师的镏金塑像，在众多酥油灯的映照下金光灿灿。

站在最高处往下眺望，明媚的阳光下，青朴山一片茂密的绿色，溪流从山上流淌下来，冲刷着河流中间摆放的转经筒，使其一刻不停地转动，发出清脆的叮当声。远处是山间斜坡和悠长辽阔的雅鲁藏布江。置身其中，完全不觉身处西藏，宛若身在江南。

温馨提示

❶ 去之前先看一些有关青朴的资料，不然面对满山的圣迹会茫然不知其详。

083

精灵烟囱
魔法创造的奇迹

那些林立的岩石，如同传说中精灵的烟囱一样，高高地耸立在山谷之间，是谁创造出如此奇观呢？

关键词：石柱森林、石穴、地下城
国别：土耳其
位置：安纳托利亚高原的卡帕多西亚
最佳旅游时间：4月至10月

> 岩石表面甚为光洁，随着阳光和云影的变幻不断改变自己的色调

在1000多年前，一群受迫害的基督徒逃入了土耳其安纳托利亚高原。就在将要陷入绝境之时，他们进入了一个后来被称为卡帕多西亚的地方。看到它的第一眼，这些基督徒就虔诚地跪在了地上，他们相信这个地方是上帝赐给他们的避难所。这里山峦起伏，沟壑纵横，沟壑与谷涧之中是一片又一片的"石柱森林"。那些林立的岩石，如同传说中精灵

夕阳下的精灵烟囱，闪着金光

的烟囱一样，高高地耸立在山谷之间。

基督徒们在这里定居下来，他们在这里建立了教堂，创造出和土耳其其他地方迥然不同的文化，直到千年以后，才被世人所熟知。

埃尔吉亚斯山和哈桑山活跃时喷发出的岩浆和岩灰冷却凝固后形成厚厚的一层凝灰岩。凝灰岩在阳光的曝晒和风霜雨雪的侵蚀下，松软的部分剥蚀殆尽，经过千万年在地上形成无数峡涧沟壑，在地下形成广泛连通的暗流岩洞。有些比较坚实的部分残留下来，耸立在地表形成千姿百态的岩石。其中，有壁立千仞的悬崖，有蜿蜒数千米的褶皱，更多的则是像蘑菇、树桩、尖塔一样的石笋和石柱，构成奇石林立的露天博物馆。

奇石博物馆中，到处是一眼望不尽的石柱，千石嶙峋，万岩峥嵘。有的高十几米，有的则高达几十米；有的像一根纤细的电线杆，有的则像一座巨大的碉堡；有的呈浅红色、赭色或棕色，有的则呈灰色、土黄色或乳白色。岩石表面甚为光洁，随着阳光和云影的变幻不断改变自己的色调。这些奇形怪状的岩石林仿佛来自童话世界，被世人称作"精灵烟囱"。

在村外，就可以看到峭壁上悬着的一个石穴群落。各个石穴之间，有铁梯相连，也有羊肠小道崎岖相通，只不过现在有些铁梯已经锈迹斑斑，不可再用；小道也长满茅草，无法通行了。聪明的当地人不仅在峭壁上开洞，在村子里也是凿洞而居。他们把石柱从中间掏空，设厅堂、卧室、厨房，并在里面描彩绘，铺地板，开凿窗户。在这样的石柱里面生

精灵烟囱林林总总，冲天而立，形成独特的石林景观

活，仿佛一夜之间变身原始人，过上了穴居生活。

除了地面奇观之外，卡帕多西亚还有一种地下景观——利用凝灰岩的特殊结构开凿的地下城。顺着入口走下去，里面尽是七拐八弯的坑道。各层之间的通道口，都安放着一个直径1米多的圆石盘，这是地下城特有的安全装置，如有敌人来袭，只要扳动暗设的机关，石盘就会自动将洞口封住。

看着那些高耸的"精灵烟囱"，那些洞穴连通的巨大地下城，很多人相信，这些奇观都是大自然专门为那些落魄的基督徒建造的。也许，它的原型就是传说中的伊甸园吧。

温馨提示

❶ 卡帕多西亚地区有很多基督教的教堂。现在的土耳其人大多信仰伊斯兰教，到了不同的地方应注意尊重他们的宗教信仰。

❷ 最著名的旅游项目是乘坐热气球升空，从高空观赏整个卡帕多西亚的神奇地貌，是一项很好的体验。

第五章 地球最文明的遗存

蓝毗尼

世人瞻仰的圣地

蓝毗尼那些古老的菩提树如同经历了千百年沧桑的智者，散发着丝丝禅意，静默地看着小镇，看着往来的游人……

关键词：禅意、僧人、佛国仙境
国别：尼泊尔
位置：尼泊尔西南和印度交界处
最佳旅游时间：7月至11月

在喜马拉雅山脉南麓距离加德满都300千米的地方，有一个叫作蓝毗尼的地方，这里被尼泊尔的佛教徒们视为圣地。2000多年前，佛祖释迦牟尼就诞生在这里的一个花园中。从加德满都出发，汽车在山路上颠簸，但没人会感到旅途的劳苦单调，世界上最雄伟的山脉下的景色处处让人着迷。

山路时而穿过巉岩，时而越过开满鲜花的草原，两边有时是浓密的森林，有时又是光秃秃的石滩；远处的雪山时时可见，路边的渊壑令人惊心动魄，有苍鹰在高空盘旋，有狍鹿跳入灌木丛中；砖木建筑的小镇，草木苫成的乡村，热闹的集市，山路上独行的僧人，骑着大象的男子，河边浣洗的女人们……无不让人感到一种异乡的情调，也让人忘记旅途的辛苦。

到了蓝毗尼，所有的人都会屏住呼吸，细细地体会着这里与众不同的

蓝毗尼是佛教发源地，寺庙众多

寺庙倒映水中，纯净古朴，更体现出了蓝毗尼这个佛祖故乡的灵气

奇妙的氛围。也许这就是人们所形容的禅意吧，在这儿，不管是否信佛，都会一下子静下来，从心灵到身体都静下来，体会这里祥和的气氛。

走在蓝毗尼的街头，随处都可以看到盘腿打坐、诵经的僧人。他们胡须蓬乱、僧衣破旧、眉毛上沾满灰尘，可是那虔诚的双眼中却透出无限的浩渺与空灵。若是在冬季，你还能看到他们衣角、眉梢结起薄薄的寒霜，可是依然赤着双脚，穿着单衣，坐在青石板上，一动不动。让见者无不受到触动，敬意油然而生。

蓝毗尼景色美不胜收。山间绿树成荫，那些古老的菩提树如同经历了千百年沧桑的智者，散发着丝丝禅意，静默地看着小镇，看着往来的游人。平地上是青葱的绿草、茂密的芭蕉，每天清晨这些低矮植物的叶子上都会挂满晶莹的露珠，折射出奇异的光彩。远处山岭间，峰峦耸立，常常雾气蒙蒙，山风吹过，云雾缥缈，松涛阵阵，松针被风弹拨着，如万琴齐奏，交会成一曲气势磅礴的交响曲。如果走进山林之中，还会听到山溪清泠的流水声，如同清音梵唱，悠扬祥和，令人神清心静。每至朝暮时分，山雾从高处流下，飘向蓝

蓝毗尼博物馆内的佛像

毗尼镇中，给翠绿的大地铺上了一层厚厚的白纱，更让这里如同烟雾缭绕的佛国仙境。

摩诃摩耶夫人庙呈白色，极为清秀和肃穆，而简洁的方形又给人一种典雅和庄严的印象。庙旁边有一水池，池水清澈透明，阳光照射到水面上，珠光点点，十分美丽。池边的娑罗树树干挺拔，树冠茂盛宽阔，像是在庙前撑开一把伞，专为跋山涉水前来参拜的佛教徒提供一片阴凉。而佛教徒们唯一能够回报的，就是自己虔诚的信念。

轻轻地触摸那些古老的佛教雕刻，轻轻地抚摩那些沧桑的古树，站在一旁静静地瞻仰那些苦行的僧人，你会将生活中所有的烦恼、不快、失落都抛到脑后。在这里，你能净化自己的心灵！

温馨提示

❶ 尼泊尔人民友好善良，一般不会拒绝被拍照，但出于尊重，无论是拍人家的日常生活还是一些宗教仪式，拍摄前请先获得对方同意。

❷ 记得带上自己的洗漱用品和梳子，尼泊尔多数旅馆不提供。

085

曼德勒山

灵魂的栖息地

走在曼德勒山的山路上，回首俯瞰，一片绿色的都市中，点缀着白色的高楼大厦，闪烁着金光的佛塔如朵朵金莲花，盛开在大地上。

关键词：佛塔、打坐　　位置：曼德勒省
国别：缅甸　　最佳旅游时间：10月至次年2月

○ 阳光下的佛塔金光熠熠，让人肃然起敬

伊洛瓦底江从曼德勒山脚下流过，在它们交汇之处，孕育了一座伟大的城市——曼德勒。曼德勒又名"瓦城"，它从19世纪开始就是缅甸重要的政治、经济、文化中心，这里有巍峨的佛塔、庞大的宫殿、雕刻精美的佛像，也有古老的城堡、英国殖民时修建的政

成排成列的白塔，威严秀丽

府大厦。青山、绿水、古庙、佛塔将这里装饰成了一处灵魂的栖息所，也将这里点缀成了一处佛光笼罩的圣地。

走在曼德勒山的山路上，回首俯瞰，一片绿色的都市中，点缀着白色的高楼大厦，闪烁着金光的佛塔如朵朵金莲花，盛开在大地上。相传2400多年前，佛祖释迦牟尼来此传道时，曾站在山上，指着伊洛瓦底江畔说，这里将会出现一座庞大的都市。曼德勒果然不负众望，它的辉煌让所有见过它的人感到震撼。也正是因为这样，城里的人相信，这座城市是在佛陀的旨意下建立起来的；他们信佛、敬佛，相信这座城市永远会继承佛陀慈悲、宽容的心，它也永远会得到佛陀的佑护，永远繁荣昌盛下去。

清晨的阳光透过繁茂的绿叶，坐在被碎光洒满的巨石之上，合起双手，让新一天的生活从净化灵魂开始。很多缅甸人，长年累月地坚持到曼德勒山上打坐，他们就这样静静地坐在那里，一言不发，双眼若闭若开，神思若游若离。仔细地观察，你会发现，他们的精神是那么专注，他们的呼吸是那么平静，他们起来时心情出奇地好，仿佛真的得到了灵魂的净化。尝试着找块无人的石凳坐下，轻轻闭上眼睛，尽量不去想生活中的杂事，叽叽喳喳的鸟鸣在耳边跳跃，时近时远，似乎远处的梵音也渐渐响起。那确实是一种来自心灵的声音，虽然并不抑扬顿挫，甚至有些单调，却可以让人深深着迷。你沉醉在这低低的梵音之中，忘记了盘屈的双腿早已麻木，连那叽叽喳喳的鸟鸣都忽略了，耳中、心中只有那些

隐逸在丛林中的佛塔，古朴宁静

清灵的梵音，它们越来越响，越来越清晰，那些和婉的音符在头脑中飞来飞去，直到被同伴叫醒的时候，余音还久久不息。

　　山上有很多庙宇，远看和中国的古建筑颇为相似，那飞檐、挑脊、滴水、吻兽都似曾相识，可走近却发现并不相同。它们有着独特的造型，多了几分棱角，少了几分圆润；多了几分奇异，少了几分优雅。它们不似中国的古建筑那么大气，那么雍容华贵，但那些屋檐、墙壁上雕刻的佛像、鬼怪却更加充满奇幻色彩，尤其是那些手持巨杵的守护神像，露着獠牙，瞪着巨目，张口怒斥，令人心生寒意，敬畏之心顿起。

　　躺在当地特有的独木小舟中，任其荡漾在伊洛瓦底江的缓流之中，听着不远处寺院奏响的梵音和僧侣们的吟诵声，感受着江水拍打船壁的沉缓节奏。虚幻迷离中，那城市似乎就飘浮在眼前，它在慢慢地变化，幻化出一朵盛开的灿烂的金莲花。

温馨提示

① 与缅甸的其他地区一样，进入曼德勒的佛塔要脱鞋、脱袜，以示对佛祖的尊敬。而且不要穿短裙、短裤进入佛塔。

② 购买玉质首饰一定要选择国营正规的商品店，索取购物发票等证明，出境时备查。

第五章　地球最文明的遗存

环球100 秘境

218

086

墨脱
隐秘的莲花

它至今还处于原生自然环境，但是让人无法拒绝，山清水秀是它的主要特征，鸟语花香是它的美好注解，神秘莫测是它的原始常态。

关键词：古老、陌生、神秘
国别：中国
位置：西藏自治区林芝市
最佳旅游时间：5月至11月

青山绿水下的小屋，恬淡安宁。

墨脱是西藏高原上海拔最低、环境最好的地方；墨脱是西藏最温和、雨量最充沛的地方；墨脱是西藏最神秘、生态保存最完好的地方。总之，它的一切都充满诱惑，令人迷醉。

历史上的墨脱曾被佛教信徒所向往，虔诚的信徒们甚至把一生能去一次墨脱看作人生最大的幸事。在《象雄大藏经》的《甘珠尔》中，墨脱被称作"佛之净土白马岗，圣胜之中最殊胜"。墨脱人有自己独特的转经楼，这些转经楼通常建在溪边。悦耳的铃声与潺潺的流水交织在一起，伴随着漫山遍野的花香和此起彼伏的鸟儿的鸣唱，严肃庄重的转经在这里变得诗情画意，佛门的信仰在这里变得馨香。

墨脱的妙处，蕴含在徒步行走的艰难过程之中。它地处雅鲁

被青山绿水环绕的墨脱，物产丰饶，景色极具诱惑力

藏布江的腹地，曾长期不通公路。在墨脱面前不能言路，可以说世界上再也没有比墨脱更难走的路了。墨脱复杂的地质构造决定了它拥有比其他峡谷盆地更多的山，处处怪石嶙峋、悬崖峭壁，放眼望去，简直没有落脚之处。山上植被茂密，原始森林神秘莫测。徒步去墨脱的过程绝对是一段惊险、艰难、刺激的旅程。森林里出没的野兽令人胆战心惊，水里嗜血成性的蚂蟥让人不寒而栗，整个旅途就是一段刺激无比的冒险，这种经历只要一次，绝对令人终生难忘。

大自然就是这样奇幻，它让人永远地捉摸不透。与险峻的旅途相对应的是一路上绝美的风景。瀑布是行走过程中不能错过的一个看点，水量之大、数量之多，实属罕见。从山石上倾泻而下的瀑布，初时如轻纱般朦胧，从石壁上缓缓地流淌下来；坠落下来后，水花被岩石撞击得四分五裂。水流吼声震天，无比壮观，然后腾起阵阵的水雾，在山间飘浮，如梦似幻。景象壮观阔大，瀑布奇绝的美让人忘却了旅途的艰险与身心的疲惫。

门巴族和珞巴族世代生活在墨脱，他们善良淳朴，在这片神奇的土地上挥洒着汗水。门巴族的竹编精美绝伦，珞巴族的饮食方式独特，烧烤是主要的烹调手段。这里曾经交通不便，人力背夫是唯一的运输方式，在城中随处可见负重前行的人们。劳动者是最美丽的，他们背进来药品，背进来钢筋水泥，背进来大米青菜，把墨脱建设得更加美丽。独特的民族风情与鲜艳多彩的服装，共同交织成一道亮丽的风景线。

有人形容人生是一场苦难的修行，当心灵疲惫时，来一场说走就走的旅行是十分有必要的。走路去墨脱，是让心灵放松的绝佳选择。伴随着随时可能出现的野兽、高山峡谷、鸟语花香，走在不见人烟的秘境之中，把生命掌握在自己的手中，这将会是最璀璨夺目的一段旅程。这样的旅程，你的人生能够拥有几次？

◎ 老虎嘴瀑布从山石上倾泻而下，腾起阵阵水雾，无比壮观

温馨提示

① 溜索状如圆筒，需要手足并用地爬过去，费时费力，极富挑战性。

② 建议穿解放鞋，因为徒步旅行，每天都要走在泥泞的路上，解放鞋更加防滑耐用。

③ 多备几双袜子，保持脚部的干爽，这样才不容易感冒。另外准备一双粗布长袜，套在裤脚外面，防止蚂蟥的侵袭。

④ 不要在草地上停留太久，也不要把包放在草地上，尽量走路中间，走得快使蚂蟥不容易跳到身上。

087

菩提伽耶
空寂之城

走在尼连禅河的岸边,绿水从身边汩汩流过,低矮的枝条垂进水中,风一吹便扰起朵朵涟漪,如同传说中次第绽放的莲花。

关键词:菩提树、大觉寺
国别:印度
位置:比哈尔邦伽耶市
最佳旅游时间:全年

摩诃菩提寺,是与佛陀生前生活紧密联系的 4 个圣地之一,是释迦牟尼悟道的地方

古印度是佛教的发祥地,这里的佛教圣地多得数不清。菩提伽耶位于比哈尔邦伽耶市。相传,当年释迦牟尼云游到此,在附近的森林中苦修6年,这使他形容枯槁,精疲力竭,但还是未悟得解脱之道。于是他放弃苦修,到尼连禅河中沐浴,洗去一身积垢。

打坐的释迦牟尼佛

他随后攀树枝上岸，喝了牧羊女奉献的乳糜之后，便来到了菩提伽耶，在一棵大菩提树下打坐静思，发誓如若不能大彻大悟，终生不起。他就这样苦思冥想了七七四十九天，终于在一个月圆之夜悟得了正道，成为佛陀。从此菩提伽耶也成了佛教信徒心目中最神圣的地方。

走在尼连禅河的岸边，绿水从身边汩汩流过，低矮的枝条垂进水中，风一吹便扰起朵朵涟漪，如同传说中次第绽放的莲花。这条河因为传说也带了禅意，很多印度人喜欢在河中沐浴，他们相信这样可以除尽污垢，带来吉祥。河边有很多巨大的榕树，如同一把把张开的大伞。当地人说，佛祖当年就是在这样的树下打坐，最后得道成佛的。印度人喜欢在大树下乘凉，随着旅游业的发展，这些地方成了小贩们摆摊的地方，出售各种纪念品、食品的摊位密密麻麻，和想象中佛陀静坐处截然不同。

还未进入菩提伽耶，那巨大的大觉寺（摩诃菩提寺）佛塔就映入眼帘。它高高地耸起，矗立在周围的矮塔和绿树之中，仿佛高大的佛陀正在讲经，而菩萨和罗汉们围护在身旁，倾听着他的教诲。塔内供奉着一尊镀金坐像，佛祖身披黄色袈裟，大耳垂肩，双眼低垂，面容慈祥。来自世界各地的游人，虔诚地参拜着佛像，有的抬头仰望，被宏伟的建筑和高大的佛像所折服；有的低头祈祷，不知在许下什么心愿。

大觉寺后面是著名的菩提树，这棵树是1885年翻修时从斯里兰卡大菩提树上砍下来的树枝扦插而成的。佛塔周围的空地上，来自不同国家、不同地区的佛教信徒们各自圈一块地方集体打坐，各种语言的诵经声此起彼伏，十分喧闹，但只要你静下心来，很快就会发现那种相同的音调，把不同的语言糅合在一起，那些纷乱的声音竟然随着这音调变得十分和谐，变得清晰而有节奏。也许这便是佛的魅力，无论外界如何，它在信徒们的心中永远能创造出一个独立的世界。这里安静、祥和，没有冲突和纷争，没有喧嚣和争吵，这里空灵但不空虚，这里寂静却不寂寞，心灵可以在此得到休憩，灵魂可以在此得到解脱。

温馨提示

❶ 注意人身安全，避免单独外出，避开不安全场所，夜间避免去偏僻地点。

❷ 印度是靠右行驶的国家，在不熟悉当地道路，没有取得当地合法驾驶执照的情况下，切勿选择租用车辆以自驾的方式出行。

088

拉普兰德
圣诞老人的故乡

世界上真的有圣诞老人吗？来圣诞老人之家，答案自会揭晓。

关键词：北极光、原始、圣诞老人
国别：芬兰
位置：北极圈附近
最佳旅游时间：9月、12月至次年2月

◎ 拉普兰德地区白雪皑皑，一望无际，就像世外仙境

领略北极光的绚烂，体验梦幻般的极昼与极夜，寻找西方童话里的现实世界，追寻着儿时的梦想来到这里——芬兰北极圈以北，被称为"拉普兰德"的地方。

拉普兰德被称为"欧洲最后一块原始保留区"，它不仅原始，而且充满神秘感，是世

◎ 拉普兰德奇异的北极光

界著名的圣诞老人的故乡。相传很久以前，一位年纪很大的圣诞老人在世界各地周游，为孩子们带来欢乐。有一天，他来到北极圈附近的拉普兰德地区，被眼前白雪皑皑、银装素裹的美丽景色所吸引，决定在这里的耳朵山定居。从此，芬兰的耳朵山就成了圣诞老人居住的地方——每当圣诞节来临，热情的芬兰人就会向远方的客人一遍又一遍地讲起这个动人的故事，世界各地的许多儿童都知道圣诞老人住在北极圈里的耳朵山上。

传说中的圣诞老人，头戴垂肩红软帽，身穿红皮袍，脚蹬长筒靴，满头银发，卷曲的白胡子垂过腰际。每到圣诞之夜，他就坐着由8匹驯鹿拉的雪橇来到各家各户，从红布袋里掏出糖果、点心、玩具等包装精美的礼物分发给孩子们，共享节日快乐。

拉普兰德每年10月进入冬季，一直要到第二年的5月才开春，整个冬季长达8个月。到了冬至前后，人们可以亲身感受到极夜，可以24小时看到星星；到了夏至前后，人们又可以感受极昼，看到24小时不落的太阳。

在拉普兰德不参加雪地运动，那可是最大的损失。这里有一流的滑雪场，与天地融为一体，可真正体验时尚滑雪的滋味。雪地运动不只是滑雪，如果坐着滑雪橇让驯鹿或雪地狗拉着一路欢跑，那种感受新鲜又刺激。

有人更喜欢在雪地骑马。下午3点多的拉普兰德已像沉沉夜晚，马带着你穿林而走，没有人迹，空气干净。雪在飘，冻在枝头结成绒花，还有风加马蹄声及树枝偶尔的抖动声。

然而这里并非冰天雪地，还有数不尽的湖泊、江河和溪流，由森林和沼泽连接起来。

夜晚的灯光笼罩在雪上，如梦似幻

在这片蓝绿相间的拼图中，最辽阔最湛蓝的就是伊纳里湖。湖的沿岸有数以百计的小湾，湖里岛屿星罗棋布，有些小岛只比岩石略大。

熬过漫长的寒冬，每年3月，拉普兰德人都要带着心爱的驯鹿聚集在北极最大的湖泊伊纳里湖上，参加一年一度的传统民间节日——赛鹿节。这是一项具有浓郁民族风情的传统比赛项目，既能锻炼人们勇敢顽强的精神，也能检验驭手的驯鹿技艺。

拉普兰德人还别出心裁地在北极圈上做出一番文章。以天时地利的独特条件，为到拉普兰德旅游的客人举行跨越北极圈的仪式。一位身穿传统民族服装的拉普兰德姑娘把一张驯鹿皮铺在北极圈的界标旁边，先请游客双膝跪在鹿皮上，再拉开游客的衣领，把少许冷水从颈后轻轻浇灌下去，为远道而来的游客"提神"。随后把一个用桦木做成的木瓢递给游客，请客人品尝香甜的驯鹿奶汁。喝罢，拉普兰德姑娘郑重其事地颁发给游客一张证书，作为客人正式跨越了北极圈的证明，留作永久纪念。

想要寻找儿时的圣诞老人，现在就启程吧。

> **温馨提示**
>
> ❶ 这里的驯鹿肉不仅味美，而且脂肪少，蛋白质含量高，具有很高的营养价值和很显著的滋补功效。
>
> ❷ 有芬兰"鱼寿司"之称的 Graavi，是这里的著名小吃，是用腌制过的生鱼片包裹上小马铃薯和奶油香菜同吃，比起用米饭的日本寿司，另有一番别致的风味。
>
> ❸ 拉普兰德有欧洲最大的滑雪中心，滑雪爱好者不容错过。

089

奇琴伊察古城遗址

辉煌的见证

> 昔日辉煌已然不再，但托尔特克文明从未离开这神秘之地。

关键词：玛雅文明、金字塔神庙
国别：墨西哥
位置：尤卡坦州南部
最佳旅游时间：12月至次年3月

武士神庙，广场上竖立着200多根石柱，每根石柱的每一面都雕刻了托尔特克武士形象

　　在墨西哥尤卡坦州南部的奇琴伊察古城遗址，是古玛雅—托尔特克文明中最引人注目的一笔。在南北3000米长、东西2000米宽的范围内，有数百座建筑物，可以说在中美洲古建筑名单上，是极品中的极品。

　　人们推测大概在10世纪以前，奇琴伊察曾是玛雅人的一个重要据点，接下来的几百年里，它又成了托尔特克人的城市。于是今天奇琴伊察大片遗迹重见天日之时，人们看到的已是一个不完全属于古玛雅风格，也并非纯粹托尔特克风格的建筑。

奇琴伊察的库若尔甘金字塔和羽蛇神庙是最了不起的建筑。春秋季初始时分，在此地驻足，落日的阳光投影在神庙边墙上，就会出现一系列等腰三角形。阳光变化，影子由笔直渐变为波浪形，宛如从塔顶上游动而下的巨蟒，又象征着初醒的羽蛇神。人们在观看了显示季节划分的特殊效果时，还能领教古玛雅人由信仰所激发的灵感。

🌐 金字塔神庙是供古代印第安人各部落祭祀神明的祭坛

在奇琴伊察还有7个中美洲蹴球的球场，其中金字塔西北150米左右的球场最为引人注目，这是古代中美洲最大的球场。球场内部两侧有雕刻着球员形象的石板。奇琴伊察的球赛是一种宗教仪式，祭司会在开赛前算上一卦，卦上若说"如果甲队赢，今年就会风调雨顺，否则就是个灾年"。那么最后，如果真的是甲队赢，两队可能都会获得奖赏；反之，则甲队和乙队的队长都要献上他们的人头，以平息神怒。这种场景，可以从球场的一幅队长断头图上看到。

从球场到武士神庙是一条蜿蜒的长廊，这时奇琴伊察的建筑已经开始印上了托尔特克人的足迹。长廊顶部由许多雕刻着托尔特克武士的石柱支撑，当人们缓步经过长廊时，会经历一条带有前人智慧和高超工艺结晶的道路，这也是一部记载着托尔特克民族英雄的史书。

与玛雅人信奉羽蛇神不同，托尔特克人更崇拜勇猛与强悍的猛兽。武士神庙装饰了许多以美洲虎和雄鹰为主题的壁刻和壁画，这些带有浓郁托尔特克风格的艺术作品，隐隐生威地迎送着过往的人。

或许，奇琴伊察的过往在历史长河中已渐渐为世人所遗忘，并像任何一个曾经兴盛的古城一样归于荒芜。但奇琴伊察的雕塑与建筑，那交融了两段辉煌的结晶，在世界艺术史上会永远散发夺目的光芒。

> **温馨提示**
>
> ❶ 奇琴伊察古城遗址内的浮雕禁止拓印。
>
> ❷ 奇琴伊察古城遗址除入口餐厅外，内部没有食品供应，请提前准备所需食品。

夏塔古道

被遗忘的美

> 暮色中，那些雪峰呈现出迷人的粉红色，仿佛少女娇羞的脸庞，让人心动不已。

关键词：峡谷、雪峰、冰河
国别：中国
位置：新疆维吾尔自治区伊犁哈萨克自治州昭苏县
最佳旅游时间：8月至10月

夏塔峡谷是一个富有传奇色彩的胜地，气象万千

有人说夏塔是个被时间遗忘的地方，也是一处被世界遗忘的美景。也许正是这种遗忘，才让这里显得更加迷人，显得天更蓝，山更青，峡谷更加幽深和美丽。在古道的峡谷入口处，很多人就已经被这里的美震撼了，平坦的草地、苍翠的松林、潺潺的河水；远处西天山诸峰，连绵并立，直插云霄；半山之上尽是皑皑白雪，透着丝丝寒意，让人望而生畏。在它们面前，人类是那么渺小，那么脆弱。

想想自己就要从这茫茫林海、皑皑白雪间穿过，激动的心情让人辗转难眠。住在峡口草原的帐篷之中，呼呼的风声从远处隐隐传来，松涛阵阵，似乎来自旷野的呼唤："来吧，来吧，来看看大自然的伟大和雄奇吧！"

远处传来一阵歌声，是来此旅游的游人，正围着篝火载歌载舞。也许在这壮美的景色中，只有欢歌热舞才能释放心中被生活久久压抑的那种心情吧。清晨，牧民煮的奶茶香气飘遍整个山谷，在草原上休整的人已经开始陆续进山了。

踏着青青的草地，舒适又柔软，像梦，却已经醒来了。那些幽林之中，会随时跑出一两只野兔、松鼠，它们呆呆地看着游人，憨态惹得人开怀大笑。深山之中，天格外蓝，云朵又浓又白，仿佛山风早就吹净了上面所有的杂质。几座雪峰近看更加壮丽，像披着白色盛装的公主，让人只能远观不敢上前，唯恐亵渎了它们的圣洁。

当夜色开始降临之时，山上呈现出迷人的浅红色，连白雪都被染上了这种迷幻般的色彩，冷峻中显出几分可爱。在山下扎营，一轮明月挂在天空，也许是因为离天近了，也许是因为白雪的反射，山间的月夜似乎比别处更亮。那些山峰清晰可见，在月下更加婀娜多姿，不禁让人想到《诗经》中的"月出皎兮，佼人僚兮，舒窈纠兮，劳心悄兮"。

千百年来，无数人通过这条古道在阿克苏和伊犁之间穿行。汉唐和亲的公主，在此回首不见故乡，前望远路雪山连绵，此生父母难见，故土难归，忧愁哀思怎不唏嘘；西征将士，至此闻山风萧瑟，枭啼鹿鸣，万里寒冰，渺无人烟，思生死难知，前途未卜，如何不泣下沾襟；取经高僧，至此见雪峰圣洁，余晖呈祥，想千里求佛不得一见，数年艰辛涌上心头，岂不感恸；至于失势迁客，落魄行商，行至此道，无不失魂。忽而几声夜枭啼鸣，惨厉的叫声在山谷间回荡，久久不息，让人心中凄恻。传说，千百年中那些葬身古道的羁客迁人，不甘魂留空谷，既思家人故土，又怨命途迍邅，化而为枭，在古道间徘徊哀鸣，经久不去。

走在夏塔古道之上，看着那些刻画着图文的巨石，顿时生发出深深的沧桑之感，感慨生活的艰辛、前人的伟大。而那些从云端奔腾而下的巨大冰河、穿云接日的高峰、深不见底的峡谷，又让人斗志顿生，壮怀不已。夏塔古道就是这样一个让人兴奋又伤感的所在，它让人看到真正的生活，真正的自然！

温馨提示

① 徒步穿越夏塔古道有一定危险，没有高山穿越经验的游客谨慎选择，最好有成功穿越过的向导做指引。

② 穿越时要准备必要的装备，如绳索、急救包等。冰雪之上路滑，防滑鞋、防寒衣物必不可少。

③ 外地游客需要前往夏塔峡谷，应在伊宁市公安局提前办理好边境通行证。

黑风洞

石灰岩的梦世界

阴森透凉，洞穴陡峭，曲折蜿蜒。阳光从洞顶孔穴射入，洞内扑朔迷离。

关键词：暗洞、光洞、神像壁画
国别：马来西亚
位置：吉隆坡北郊11千米处
最佳旅游时间：全年

在马来西亚，有一个集宗教、旅游和科学于一身的旅游胜地——黑风洞。黑风洞由石灰岩溶洞组成，有形态各异的巨型钟乳石，又被称为"马来西亚大自然奇观""石灰岩的梦世界"。据科学家考察，黑风洞拥有亚洲发育最全面的洞穴生态系统，在这个有20多处洞穴的洞穴群里，最为著名的是暗洞和光洞。

阴森恐怖的暗洞长达2000米，里面有不下150种动物，其中蝙蝠数量最多，达数万只，还有可怕的蟒蛇和白蛇。洞内陡峭曲折，危机四伏，人类轻易不敢进入。光洞与暗洞毗邻，高度和宽度都在60~80米，而且顶部有孔洞，阳光可以从孔洞进入，照亮洞内的黑暗，因此被命名为光洞。但因为洞穴实在是太过晦暗，光线反而给洞穴增加了一丝神秘的气息。去黑风洞的话，需要攀登272级石阶，因为黑风洞在半山腰，被丛林掩映着，而且这些石阶十分

黑风洞内有形状各异的巨大钟乳石从洞顶垂下，颇为壮观

溶洞内有成百座彩绘的印度教神像，这里被认为是马来西亚的印度教圣地

陡峭，所以要格外注意安全。

　　洞中阴森透凉，小径陡峭曲折，有造型多样的钟乳石。有的状如农夫、小孩、仙女，有的状如各种奇禽异兽，可谓鬼斧神工，曲尽其妙。洞内有小溪潺潺，还有许多分洞，栖息着成千上万只蝙蝠和蛇。为保证安全，此洞已不向游客开放。

　　在光洞附近的一个溶洞中，有一座建于1891年的印度教庙宇，供奉着苏巴玛廉神。另外，此溶洞内还有上百座彩绘的印度教神像。黑风洞山麓左侧有一个湖，湖旁也有一个石灰岩洞，人们称之为"艺术画廊洞"，洞里有很多色彩鲜艳的雕塑和壁画。

　　山下的洞窟艺术博物馆更是让人耳目一新，那些富含想象的神像壁画以及古老的印度

洞穴坐落在丛林掩映的半山腰，由山脚走到洞穴，要登272级陡峭的石阶，爬上去颇费一番功夫

神话文物，活灵活现地呈现在眼前。

　　黑风洞作为马来西亚的印度教圣地，每年阴历1月至2月的大宝森节期间，虔诚的印度教徒背负神像，唱着宗教圣歌游行步入石洞参拜，为期3天，朝圣者可达30万人。

温馨提示

❶ 去黑风洞旅游的女性不要穿裙子，裤腿也要到膝盖以下。

❷ 注意通往黑风洞楼梯旁的猴子，他们会抢夺游客身上的物品。

092

复活节岛
石像的故乡

又是一个不为人知的秘境，让好奇心带你一起探索它的神奇。

关键词：火山、巨型石像
国别：智利
位置：东南太平洋上波利尼西亚群岛最东端
最佳旅游时间：11月至次年3月

> 复活节岛上有数百尊巨大的石雕人像，它们或卧于山野荒坡，或躺倒在海边

复活节岛是一个与世隔绝的岛屿，它位于东南太平洋中，距离智利海岸3700千米，像一叶孤舟漂泊在万顷碧波之中。该岛的形状近似三角形，由3座火山组成。岛上多丘陵，是由海底升起的火山形成的典型的海洋中的岛屿。岛上地面崎岖不平，悬崖峭壁遍地

有些石像头顶还戴着红色的石帽，重达10吨，颇为壮观

都是。复活节岛属于热带海洋性气候，阳光充足，气候干旱，植被以灌木和草丛为主，这片岛屿充满了原始和荒凉之感。1722年复活节那天，荷兰航海家洛加文到达这座岛屿，将其命名为"复活节岛"。

很多东西与人类的生活距离太过遥远时，总会带有一些莫名的神秘，这座岛也是一样。虽然复活节岛极为荒凉，但是岛上的原住民却将自己的故乡称为"世界的中心"，而波利尼亚人以及太平洋诸岛上的原住民却把它称为"拉帕努依岛"，意思是"石像的故乡"，因为岛上矗立着数百尊由凝灰岩雕刻而成的充满神秘的巨型石像。这些石像大多被放置在长方形的石台上，各个面朝大海，只等春暖花开，着实令人赞叹。

这些石像线条简洁粗犷，造型生动奇特，全部为半身雕像，头部硕大，长脸窄额，凸眉凹眼，长耳高鼻，昂首挺胸，凝望远方，神情或沉思，或冷漠，神态威严，目光直入人的灵魂深处。另外，一些石像的头顶还戴着一顶红岩石做的"帽子"，好像一位彬彬有礼的绅士。还有一些石像，身上刻着一些符号，就像是雕刻者文于其上的图案。人们曾在这些石像的附近发现了一些刻有文字符号和奇异图案的木板，并把它们称为"会说话的木

布满苔藓的礁石，也为岛上的美景增色不少

头"。一些考古专家认为，这些木板上刻着的是复活节岛的古老文字，但由于种种原因，现在这些符号已无人能够读懂，永远作为一个神秘的图案吸引着众人。

因为与世隔绝，对于到访复活节岛的来宾，岛上的居民非常热情。他们友好地献上串串花环，唱起动听的歌曲，跳起优美的舞蹈。在这个充满浓郁异国风情的小岛上，眼前女子曼妙的舞姿，耳边轻盈缥缈的歌声，让人产生一种不真实的感觉，仿佛错入另一个时空。

> **温馨提示**
>
> ❶ 复活节岛上有不同档次的旅馆和露营地。如果在旺季前往，建议提前预订房间。
> ❷ 南极上空的臭氧层空洞扩展到了智利，因此外出活动时，最好穿长裤和长袖上衣，并记得涂抹防晒用品。

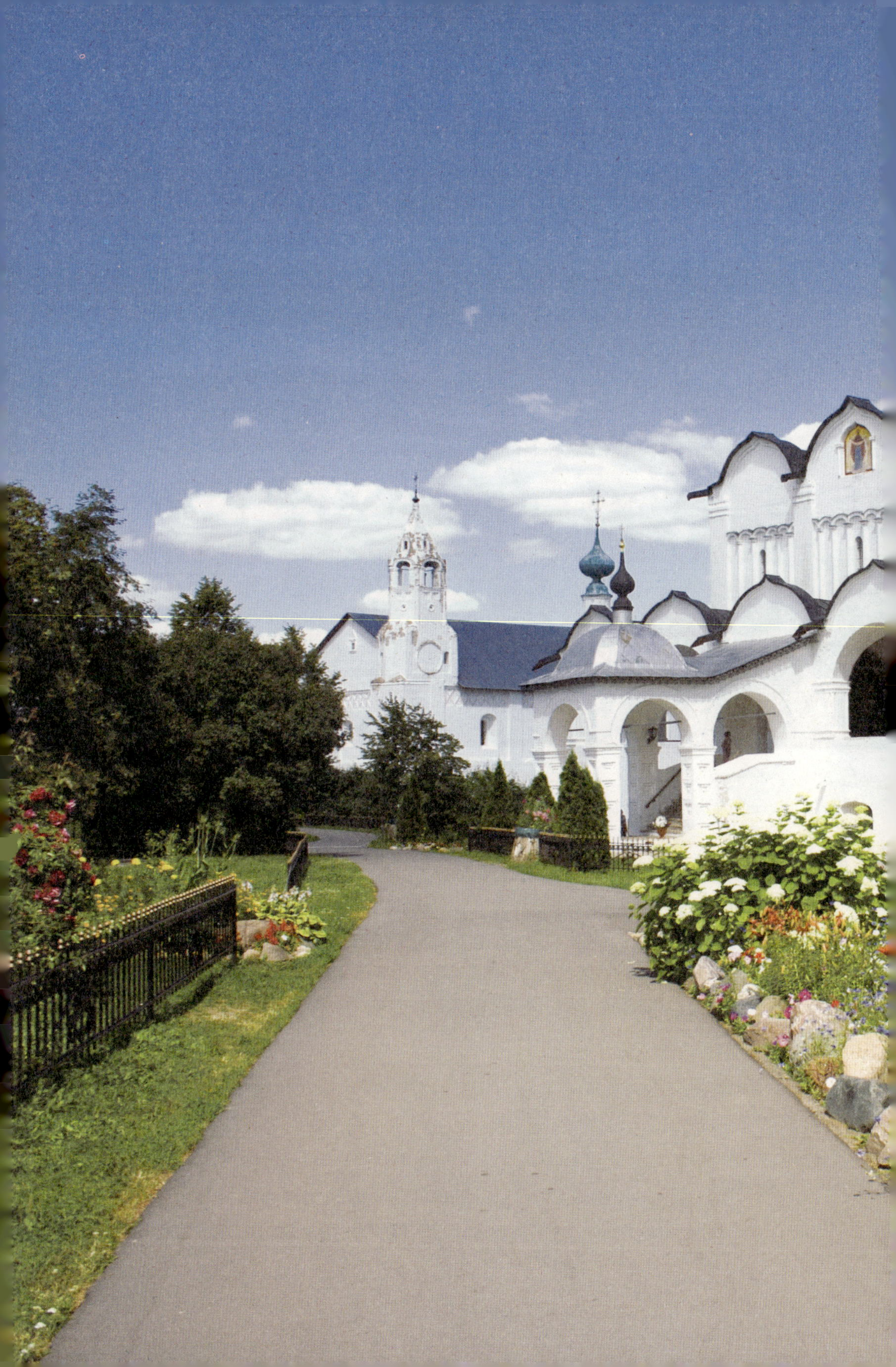

第六章

遗世独立的绝美村落

不慕名利的人爱隐居，
幽静的田园时光，
梅妻鹤子，
何等惬意。
我们虽然不能抛下一切，
但当我们厌倦了都市的喧嚣，
可以来这里清静片刻，
即便不能一辈子，
哪怕一天，
也是好的。

坝美

秘境中的桃源

> 屋舍俨然，良田美池，阡陌交通，鸡犬相闻，黄发垂髫，怡然自得。

关键词：世外桃源、自然原始
国别：中国
位置：云南省文山壮族苗族自治州广南县
最佳旅游时间：2月至4月、8月至10月

　　陶渊明先生笔下的世外桃源，环境优美，民风淳朴，人们过着自给自足的生活。总觉得这样的地方只可能存在于虚构之中，然而我们是如此幸运，在崇山峻岭之中，一处世外桃源跃入眼帘。坝美村，一直以来鲜为人知，但一经发现立刻引起了轰动，它与陶渊明笔下的世外桃源简直一模一样，令人诧异。

　　关于坝美村，有个美丽的传说。相传一对苦命的母子因为避难，逃到了坝美村附近，但是一条混浊湍急的河流阻拦了他们的脚步。背着母亲肯定是无法过河的，为了儿子，母亲决意投河，儿子执意不肯。在互相争执的时候，一个美丽的壮族姑娘划着小竹筏唱着歌谣而来，渡了母子过江，来到了坝美村。两个年轻人互生爱慕，结为夫妻，从此隐姓埋名，过着男耕女织的平淡生活。

　　坝美村通过一个巨大的溶洞水道与外界联系，船是唯一的交通工具。水道宽且长，坐在船上，缓缓前行。起初还有光线，水底的鱼儿与水藻也清晰可见，越往里越黑暗，四周一片漆黑，只有木桨划破水面的声音与人轻微的呼吸声，静得可怕。当压抑将要到达极限的时候，突然豁然开朗，美景尽在眼前。

　　悲喜交加的感受接踵而来，前一秒还是死一般的寂静，下一秒则是欣欣向荣的喧腾。依旧在船上，河流两岸一片葱绿，山花烂漫，落英缤纷，岸上散落着稀稀疏疏的房屋，袅袅的炊烟在升腾，田地里作物肆意地生长，自由觅食的小鸡，懒洋洋卧着的小狗，以及或忙碌或悠闲的人们，组成了一幅美丽的田园图景。

　　坝美四面环山，山上植被良好，鸟儿鸣唱，动物穿行，犹如原始森林般壮阔；山脚下的坝美也是绿色的，远望过去，一片油绿，养目提神。身着民族服饰的壮族人穿行其间，成了绿色油画上一抹亮丽的色彩。

　　坝美民风淳朴，人们诚实善良，看到来人，总是热情招待。只要有盐巴，他们可以整

坝美四周被青山环绕，触目可及之处，皆是让人心动的绿色

年不出去。在这里有的老人甚至一辈子都没有出去过，更不知道外面的世界，没有烦恼与忧愁，安详自在。开垦田地、种植作物，他们在这里自给自足，整片山谷就是他们的乐园。

村口的大榕树，遮天蔽日，垂下的树须长达数米，像一个忠诚的卫士守望着家园。横跨水上的竹桥，精巧美观，站在桥上看到远处的炊烟、茂密的竹林、河边的稻田与悠悠转动的水车，美景尽收眼底。

在繁华的世俗世界中竟然存在着这样自然原始的乐园，令人称奇。当心灵疲惫或遇到挫折的时候，不妨来到这里，过几天与世隔绝的生活，将会是一种全新的体验。

温馨提示

1. 坝美村与世隔绝，不通电，来此游玩要准备好手电筒与应急照明灯等设备。
2. 水道黑暗悠长，最好多人一起合租小船，尤其是女生，最好结伴而行。
3. 如果要在村子里过夜，可以住在村民家中，他们友善淳朴，会提供最好的床褥，不过要事先商量好费用。

阿巴拉钦

激情中的温婉

塔霍河在群山之间蜿蜒穿梭,在她的臂弯里,阿巴拉钦小镇静静地沉睡着,享受着比利牛斯半岛最柔和的阳光和海风

关键词:山水、城堡、教堂
位置:特鲁埃尔省
最佳旅游时间:全年
国别:西班牙

丛林中的阿巴拉钦小镇,远远望去,恍如童话世界

阿巴拉钦位于比利牛斯半岛的东北部,这个建于中世纪的小镇,藏身在群山之中,它躲过了吊车机器的喧闹轰鸣,躲过了钢筋水泥的入侵占领,躲过了飞机火车的撕裂冲击。它对着清澈的塔霍河水整理中世纪的容颜,它沐浴着最温暖的阳光,懒洋洋地躺在山与河

的怀抱之中，它轻嗅着来自大西洋的海风，孕育出一个个温馨、浪漫的梦。

当春风唤起沉睡的树木，小镇外矮丘上的果园变成了色彩缤纷的海洋，蜂蝶在桃花、杏花、梨花间飞舞，美丽的西班牙姑娘就在纷纷花雨中起舞，伴着低沉清幽的乐曲，仿佛一首清新婉约的小令，很难想象，这个以激情斗牛而著称的国家，竟然还有如此温情、如此柔和的一面。和心爱的人走过绿荫花丛，立在横跨塔霍河的石桥之上，任落英坠满肩头，轻嗅着彼此发梢染上的花香，不知有多少人曾梦想着融化在阿巴拉钦的春色之中。

端一杯当地居民酿制的果汁酒，坐在小镇街头的大槐树下，听着鸟啼的声音被风吹远，看着远处升起缕缕炊烟，美酒、美景、身边的美人，无一不叫人深深地沉醉。那时，你也许再也想不出比这更闲适的生活，再也想不到比这更美的田园风光了。只想永远这样静静地坐着，直待月光铺满地面，才依依不舍地从花茵上离开。

小镇的建筑格局也颇为独特，方块状的屋体，覆盖着小倾角的屋顶，鳞次栉比地立在山坡之上。那倾斜的山坡，成了房屋的展台；那些精致的房屋，远望如镶嵌在山坡之上的装饰品。沿着房屋建有古老的小路，走进那些深深的巷子，两侧高高的墙壁，让这里有种曲径通幽之感。足音在两壁之间激荡，远远传开，还未见到对面的人，却先听到或是轻灵或是沉着的脚步声。尤其在下雨时，走在这些幽深的巷子里，让人想到戴望舒的《雨巷》，总是猜想着传来的脚步声属于谁，是否对面正有一个丁香一样的异国女子，打着一把古色古香的油纸伞，从巷子那边向你走来。

小镇的房屋大多采用石膏建造而成，新建的房屋雪白洁净，清新典雅；那些历经岁月侵袭的古老房舍被山风吹成暗红色，显示出深深的历史沧桑。紧闭的大门上，挂着一只只磁铁雕成的蜥蜴，人们相信它们可以给主人带来一生的好运。镇里有好几处教堂，每至清晨，教堂中就会传来清音唱诵，即使没有宗教信仰的人，听到这种饱含爱与虔诚的声音，也不禁变得更加温和，更加仁慈。

走进那些山坡上的咖啡馆之中，要一杯咖啡，找一个靠窗的位置，拉开窗帘，一边品尝杯中的美味，一边将山水、城堡、教堂、房屋、果园收入眼底，那种被美淹没的感觉，又岂止"悠闲"二字可以概括！

温馨提示

❶ 小镇的神奇之处在于每间房屋的门上都有一个大大的磁铁蜥蜴在上面，据说这是小镇多年延续下来的一种习俗。

❷ 通过古老的石路，登上小镇上方的山坡，在古堡下欣赏西班牙最美的夜空，似乎穿越了时空。

丹巴
"千碉之国"

这里人杰地灵，美女众多，单身男士不容错过。

关键词：雪山、古碉、甲居藏寨
国别：中国
位置：四川省甘孜藏族自治州
最佳旅游时间：4月、5月、9月、10月

尽管它被誉为"中国最美丽的山村"，但因为"蜀道之难，难于上青天"，很多人并不知道丹巴这个地方。即使它的名声逐渐远扬，但它依旧如一位小家碧玉般，清新宁静，超凡脱俗，气质优雅。恐怕只有四川这样仙境般的地方，才能够涵养出这样美丽的景色。

丹巴，位于四川省甘孜藏族自治州，境内高山耸峙，层峦叠嶂，峡谷深邃，景色独特而优美。丹巴的山路缓缓向上，远处的雪山巍峨静谧。山脚下的河谷，流水汩汩，终年不歇。山顶与山谷，互相配合，使得丹巴冬无严寒，夏无酷暑。在这水光山色中，蕴藏着丰富的资源，雪山、森林、温泉、高山草甸，应有尽有。

被誉为"千碉之国"的丹巴，怎么少得了古碉呢？在大小金川及大渡河两岸的村寨、山脊和要隘处，耸立着无数的古碉建筑。据记载，在鼎盛时期，丹巴碉楼多达3000座，一个规模较大的村寨也有百余座。试想，当初在河谷两岸，碉群密密麻麻地林立着，那气势该是何等壮观！经过战争和风雨的剥蚀以及时间和地震的考验，千百年之后，古碉至今仍然屹立不倒：有的早已偏倚，却不倒塌；有的弯曲如弓状，依然坚守着那片土地。这些古碉的建筑艺术之精湛，让人叹为观止。

除了这冰冷的、毫无生命力的人文建筑让你大开眼界，那富有朝气和活力的美女，更会让你心潮澎湃。丹巴美人谷，是出了名的盛产美女的地方。大凡美人谷的女孩，不管她们是深处大山之中，还是走出大山，都无需用粉黛和华丽的服饰来装扮自己。她们冰肌玉肤，似乎不怕风吹日晒，即使终年从事体力劳动，稍加梳洗，也立即气韵毕现，真是天生丽质，超凡脱俗。

除了美女，丹巴最美的要数甲居藏寨了。藏寨像群星般散落在倾斜起伏的山坡上，或稠密集中，或星罗棋布，或藏在河坝的绿洲间，几百幢美丽而又独特的嘉绒藏式民居就这样错落有致地融于自然环境中。它们背靠着神圣的墨尔多神山，脚踩着金川河谷，天人合

丹巴白塔，五彩经幡在风中飘扬

一的理念在此体现得淋漓尽致。行至于此，宛如进入了一个童话世界。如此古朴典雅的丹巴乡土民居资源，可谓是中国乃至世界乡土民居建筑的一朵奇葩，是中华民族贡献给世界的又一份珍贵的文化遗产。

甲居藏寨，四季景色不同，时时呈放异彩。春天，桃树、梨树、石榴树在房屋四周，吐绿滴翠，红白相间，争奇斗艳，此时的山寨是一片花的海洋；夏季，寨楼被掩映在万绿丛中，好似一位娇羞的少女犹抱琵琶半遮面，只在微风拂过的时候，露出俊俏的面庞；秋天，山寨呈现出一派多彩的画面，绿色、黄绿色、金黄色、红色，各种颜色层叠交织，构成一幅绚烂多彩的图画。也只有从这时开始，寨楼才露出它那迷人的面庞，尽显其小巧玲珑的娇姿。

丹巴总会在不经意间，给你意外的惊喜。

温馨提示

1. 景区紫外线辐射强，长时间在户外活动请戴上太阳帽，涂抹防晒霜，以防晒伤。
2. 景区昼夜温差大，请带足保暖防寒衣物，并备常用药品。
3. 景区内骑马时间较长，应挑选合适的马匹及马鞍，注意安全，听从服务人员指导。冬季驾车要带上防滑链，冰雪路上车速勿快，牢记安全第一。

苏士达

金环上的白色圣地

年复一年,一座座白色的房屋在开满鲜花的草地上被建造起来,它们独特的外表,如一颗颗镶嵌在大地上的珍珠,构成了今天苏士达童话般的风貌。

关键词:修道院、教堂、俄罗斯之冬
国别:俄罗斯
位置:莫斯科东北面
最佳旅游时间:全年

在莫斯科东北200千米左右的波克隆纳亚山丘上,有一座宁静、美丽、充满乡土气息的小镇——苏士达。它建于9—10世纪,曾经是苏士达大公国的一座重镇,如今已有千年历史。它走过沧桑岁月,经历过王朝更替和战乱,变革、战火都没有改变它原来的样子。那些古老的教堂、精致的木屋、墙壁斑驳的修道院都屹然屹立在风雨之中,几乎和几百年前的画作一模一样。

镇里最具代表性的建筑是那些修道院和教堂,这个仅有9平方千米的小镇上竟然分布着50多座教堂、5座修道院和17座与它们相连的钟楼。那些美丽的白色建筑,掩映在绿树丛中,尖顶直插云霄,如同格林童话中住着美丽公主的城堡。漫步在小镇外侧平滑的草地上,仰望着远处雪白的建筑,会让人情不自禁地走向它们,想亲自确定一下,是否有个美丽的公

▷ 这些历史建筑大都以白色为主色,使城镇更添了几分圣洁与纯净

◉ 纯白建筑掩映在一片翠色之中，宛若梦幻，令人流连忘返

  主住在城堡中，等着王子来将她带走。镇上的居民都是虔诚的东正教信徒。每日清晨，悠扬的钟声便会从教堂旁的钟楼里传播开来，告诉人们新的一天开始了。这些钟楼依然采用手动敲钟，做了几十年的敲钟人能熟练地用这些铜钟演奏出古典的乐曲。

  镇内的木质建筑非常有名，几乎所有公共设施与民居都是木质的。据说，最早来到这片美丽的土地上的居民，一到这儿就被这里的青山绿水迷住了。于是，这些居民们按照童话故事里的描述，建造了居所、教堂、修道院……这里最早的建筑布局就与大自然的地理形势相互协调。日复一日，这里的居民不断增多，建筑也不断从绿地上崛起。它们如同珍珠一样点缀在卡缅卡河畔，掩映在绿树丛中，使美丽的苏士达小镇千百年来一直保持着童话般的外貌。

  卡缅卡河静静地流过小镇旁边，白色的教堂、苍绿的杉树、挺拔的白杨、湛蓝的天空倒映在河水之中，宛如一幅绚烂的风景油画。一条弯弯的小路，穿过绿毯般的田野，直伸到小镇深处，将那些美丽的建筑分隔开来。路边栽满了各种花草，雏菊、郁金香、太阳花、扫帚梅，吸引来蜂蝶无数，给古朴的小镇增添了无限生机。秋天白杨、桦树的黄叶随

第六章 遗世独立的绝美村落

◎ 街道干净整洁，鲜花绽放，让人备感舒爽

风飘下，铺满小镇的道路。踩着厚厚的落叶，走在小镇之中，脚下传来窸窣的声音，鼻子里闻到阵阵香味——这一定是当地人正在烤野味。在这里的餐馆之中，游人能品尝到最美味的野兔、山羊、狍子，焦黄香嫩的肉，极大地刺激了味蕾，让人口水直流。冬季，厚厚的雪掩盖了一切颜色，那些金顶、红顶的教堂都被染成白茫茫的一片，穿着厚厚的羽绒服，在柔软的雪地上奔跑，抓起一把雪，抛向对方，童年时的一切快乐忽然都回到了身边。每年12月底至次年1月初的"俄罗斯之冬"节日期间，是苏士达小镇最热闹的时节，四面八方的游客相聚在这里，人们穿着鲜艳的民族服装，乘着雪橇，载歌载舞。

美丽的苏士达，让人来了就不想走！

温馨提示

❶ 一定要品尝一下当地独具特色的烤肉，幸福感会瞬间爆棚。

097

大旗头村
神奇的"锅耳"

一条泥土路？三五片畦田？七八间院落？那是普通的村落，这里会改变你对村落的定义。

关键词：密集整齐、棋盘式、小巷纵横
国别：中国
位置：广东省佛山市三水区乐平镇
最佳旅游时间：全年

> 大旗头村，青砖古墙，恢宏气派

有百年历史的大旗头村，不但房屋排列整齐，还有高效的排水系统和最牢固的防御措施。走在青石板铺成的街道上，可以看到青砖瓦房排列有序，每栋房子上面独特的锅耳形封火山墙十分吸引人的眼球。脚下的石板雕刻为铜钱形状，颇有艺术韵味，而石板下面则是暗渠，这些暗渠肩负着排污水和雨水的功能。大旗头村从修建起，无论下多么大的雨，

大旗头村村前的文塔

都没有发生过水涝，这都要归功于暗渠这个排水系统。而且石板街只有一端可以出入，另一端是堵死的。一旦匪徒入侵，可以把门楼锁上，匪徒便攻不进来了。

大旗头村的创建者郑绍忠是清代人，任广东水师提督时，因功得到慈禧太后召见。太后下旨准许他修建房舍，并拨款给他。于是他在老家的原址上进行规划，并修建出这样独特而又坚固的村落来。房屋建好后，他并没有全部归为己有，而是将本村所有的村民都搬迁进来免费居住。

振威将军家庙是村子里最有特点的一座建筑，家庙的主人便是武将出身的郑绍忠。家庙前面有一个水塘，村子里所有的水源都汇集到这里，意为"四水归塘"。最值得一提的是，塘边的那座笔形古塔，名为文塔，塔基由两块方石组成，一大一小，大的像是砚台，小的像是印台，与上面的塔身恰好构成"文房四宝"的形象。

其实郑绍忠并不识字，他一直羡慕读书人，也希望子孙后代都读书做官，于是修建了笔塔，笔塔里面供奉着魁星和文昌帝君。经常可以看到家长们来为自家的孩子"开笔"，祈求他们读书顺利，成绩优异。而这个文塔也体现了岭南一带上进好学的民风。

村口的古榕树长得非常茂盛，老人们在树下聊天、下棋、玩牌，水牛在池塘里戏水玩耍，小狗在石板街上跑来跑去，累了就索性睡在街中心。这样悠闲、静谧、安然的场景，是大旗头村从古至今一直都存在的画面。

每个来大旗头村的人都会惊诧于村落的布局和规划，何等聪明的人才能设计出这么严谨又不失大气的村落来？不过只要在附近多走一走就会发现，粤中很多古村落都是这样的"梳式布局"。只不过现在很多村落没有得到很好的保护，已经被毁坏了。想要给祖先最好的交代和报答，莫过于把祖先留下来的东西保护好，把文化和历史留住。

温馨提示

① 嘉鱼是三水特产，曾是贡品，其嘴如老鼠，鳞在皮内，腹部多膏，值得品尝。

② 在大旗头村的大榕树下，常有当地居民出售自制的菜干等物品，可选择购买。

③ 乐平镇内有乐平工业发展公司招待所，也可回到中心城区，在三水荷花世界附近有不少酒店可供选择。

098

威吉斯小镇静卧在卢塞恩湖畔，如同一个对镜巧笑的少女，它是那样动人，以至于轻瞥一眼，便让人难以忘记。

威吉斯
跨越时空的童话

关键词：卢塞恩湖、瑞吉雪山、古老的建筑

国别：瑞士
位置：卢塞恩湖畔
最佳旅游时间：全年

卢塞恩湖区深处的威吉斯小镇，干净、富裕、美丽，是个童话般的地方

即使在充满美景的瑞士，威吉斯小镇也足以称得上是奇迹了。只有冰蓝清澈的卢塞恩湖水才能滋养出如此干净、富裕、美丽的一块土地，也只有圣洁的瑞吉雪山才能呵护如此秀气、大方，令人魂牵梦绕的一个小镇。

瑞士的小镇很多，它们在大城市如雨后春笋般崛起的今日，显得格外珍贵。在瑞士，你无论采用何种交通方式，在大城市间往来时，都能看到这些美丽的小镇的身影，

◉ 站在小镇湖畔，会觉得宁静中透着安逸

　　那些风格迥异的建筑，那些平坦秀丽的田园，那些在中世纪样式的房屋顶上冒起的缕缕炊烟，那些经历了千百年风雨，依然屹立在高地上的要塞、城堡，都让人心动不已。它们让人毫不犹豫地离开那些计划中安排好的大城市，来到这些小镇里寻找真正的瑞士，真正的中欧风情。

　　卢塞恩湖畔的威吉斯小镇，就是这样一个让人不经意间轻瞥一眼，便再也不能放下的地方。乘车进入小镇时，所有人几乎都怀着一种难言的欣喜，却又小心翼翼，唯恐自己的到来会打破那原有的宁静。那些白墙绿瓦的房屋，从车窗外慢慢溜过，那些有着高高红色尖顶的塔楼，如同戴着圣诞帽子的老人微笑地欢迎着游客。那些温和、善良的居民，看到游人到来，都露出灿烂的笑容，这才让人对自己的冒昧来访稍稍释怀。

　　由于瑞士是个绝对中立的国家，这里的小镇没有经历过战火，它们大多保持着原始的样子，没有一丝遭战乱破坏又重建的痕迹。威吉斯小镇中，有好多座上百年甚至几百年的建筑。这些古老的建筑静静地矗立在那里，讲述着一个个发生在小镇上的传奇、浪漫的故事。每一座灯塔，每一座修道院，甚至每一个雕像，每一条街道，在当地导游的口中，都能演绎出一个浪漫得让人心动或是伤感得让人流泪的故事。

卢塞恩湖岸上有一座古老的木码头，早晨小镇上的渔民们在这里伴着晨雾驶向风景如画的卢塞恩湖中捕鱼，傍晚又在夕阳的余晖中哼着丰收的小调返航。现在，这儿成了观光游艇的停泊点，游人可以乘着快艇或小木船去欣赏卢塞恩湖的美丽景色。白天，乘着快艇飞驰在平静的湖水中，一边是顶着白雪的瑞吉山，一边是童话般静美的威吉斯小镇，湖风夹着花香雪凉，令人有说不出的舒畅愉快。夜晚荡着小木船，在月影中、渔歌里，看着静穆的瑞吉山和小镇里闪烁的灯光，又有一种难以言说的风情。

优美的环境，使这里的所有居民都被熏陶成了艺术家。他们将瑞士人喜爱园艺的传统发挥到了极致，家家户户，门前屋后、露台上、窗口里、栏杆上、楼梯旁、门廊里，所有地方都种满了花——向日葵、风铃草、天竺葵、牵牛、紫藤、铁线莲，当然最多的还是蔷薇属植物——藤月、玫瑰、蔷薇。马克·吐温曾经在这个静谧、美丽而又充满鸟语花香的小镇中度过了一段难忘的日子，他也一直将此作为"一生的钟爱"。

如果你钟情于童话般被艺术氛围笼罩的旅游胜地，一定不可错过威吉斯小镇，这儿是让你找到梦想的地方！

◉ 小镇的每一角都别有一番风味

> **温馨提示**
>
> ❶ 瑞吉山上，有1871年修建的登山铁路，至今仍保留有蒸汽机车，不妨坐着古老的蒸汽列车来次"穿越时空"的旅游，定会别有一番风味。
>
> ❷ 瑞士最著名的运动就是滑雪，这里拥有世界上最好的滑雪场，最周到的服务，运动之后还可以浸泡温暖的山地温泉。

稻城亚丁

蓝色星球上最后一片净土

它的景致保持着在地球上几近绝迹的纯粹,不愧为『中国香格里拉之魂』。

关键词:纤尘不染、风光宝库
国别:中国
位置:四川省甘孜藏族自治州稻城县
最佳旅游时间:4月、5月、9月、10月

辽阔的草甸、五彩斑斓的森林,犹如走进一幅油画

和一个能放下一切去旅行、去感受、去流浪的人一路同行,去看看这个世界。如果我们看到了,那我们是幸福的;如果我们找到了,那我们也是幸福的。可是哪个地方会这么美呢,毫无疑问这个地方就是稻城亚丁。

彩林、雪峰、清溪、草甸、高山湖泊、原始森林,共同构成了自然风光迷人的稻城亚丁。自英国作家詹姆斯·希尔顿创作的小说《消失的地平线》问世以来,作品中描绘的永恒、和平、宁静的地方——香格里拉引起了人们无限的向往。可是香格里拉在哪里呢?香格里拉在云南迪庆。但你可曾知道,在四川境内也有一个"香格里拉",那就是稻城,它的美丝毫不逊色于迪庆的迷人风光,它的美同样叫人无法忘怀。

稻城的三座雪峰,终年冰雪皑皑,纤尘不染。雪峰上面交错着条条冰川,其间生长着繁茂的森林和肥美的草原。冰川洁白无瑕,阳光照射,仿佛水晶般透明。繁茂的森林在上空俯瞰好似一片绿色的海洋,微风吹过,好似鱼儿在海洋中雀跃不已。肥美的草原是如此辽阔,满眼是不知名的花儿、草儿,绿草环绕着红花,远处几只牛羊悠闲地漫步。

稻城拥有着省级自然保护区海子山,位于稻城北部,是青藏高原最大的古冰体遗迹,有"稻城古冰帽"之美称。站在海子山上,极目远眺,天地无止境,景色壮观,撼人心

每逢金秋，湖边的水草都变成了红色，非常神奇壮观

魄。相传海子山是恐龙生息繁衍的地方。

稻城南部屹立着巍峨的高山——俄初山。它高峻而巍峨，挺拔却不失俊俏，像一位美貌的女子坐在云霓之间。秋季，层林尽染，万山红遍，在阳光下闪闪发光。

稻城的红草地上，湖水或者沼泽边生长着秋草，在周围或黄色或绿色的青杨树的衬托下，显得更加炽烈而鲜艳，与远处的山峦、蓝天、白云一起，构成了一幅绚烂的稻城风景图画。

稻城的大寺院建筑随处可见，体现着浓郁的宗教色彩；异彩纷呈的民俗风情以及节日等无不受到宗教影响，散发出难以阻挡的魅力，使得雪域之外的人们也纷纷走进这片胜地，领略它那古朴独特的文化气息。

受够了城市里的喧嚣，一直在期待一场与众不同的旅行，金秋九月，来稻城亚丁吧。稻城是大自然的杰作，是世界的风光宝库，是野生动物和植物的天然乐园，由衷地喜欢这里——蓝色星球上最后一片净土。

温馨提示

❶ 高原天气寒冷干燥，一定要带上毛衣和羽绒服。有条件的建议穿着冲锋衣、登山鞋。此外多带些一次性内裤、袜子，这里洗衣服不太方便。

❷ 高原紫外线极强，最好戴上遮阳帽和墨镜，以免灼伤皮肤和眼睛。藏式"博士帽"既可挡住阳光又可遮蔽雨雪。

❸ 雨具最好选择雨衣，这样出行方便一些。

秀巴古村

藏族人民的智慧

即使在今天,著作等身的建筑学家在它们面前依旧赧颜,工艺的精奇、工程的浩大、造型的优美都让他们赞叹不已。

关键词:千年古堡、英雄人物
国别:中国
位置:西藏自治区林芝市工布江达县
最佳旅游时间:全年

松赞干布出生地,在蓝天下显得十分神圣

在浩瀚的历史长河中,多少王朝兴盛衰败,多少英雄风起云涌。曾经辉煌的吐蕃王朝,传唱千年的史诗,伴随着沧海桑田的巨变,早已尘埃落定。只余下一个个古堡栈道,虽历经变迁,却默默见证着风云变幻。

秀巴古村,位于林芝市工布江达县,其最主要的景点便是秀巴古堡。古堡群原本有

7座古堡，但由于年久失修，现仅存5座古堡，高低错落。这些古堡高度在50～60米，相隔30～50米，古老而又神秘，当地人称之为"千年古堡"。当地还流传着这样的一个传说：秀巴古村是格萨尔王征服妖魔的一个战场，这些古堡就是妖魔钦巴那波的居所，堡垒异常坚固，战事持续了3年依旧攻不下来。之后的一天，格萨尔王在梦里得到了神明的指示，知道了妖魔在黎明时分法力最弱，用弓箭即可伏魔。格萨尔王于是派出神箭手登上古堡对面的山坡，在天刚刚破晓之时发起进攻。一支支利箭射向古堡，除掉了妖魔。现今古堡上还留有被利箭划过的痕迹，证明了这不仅仅是传说。

祈福塔，已成为藏族人民心中祈求平安幸福的灵塔

还有一种说法，古堡是松赞干布为了方便军队联系以及屯兵防御而修建的。这些古堡由片石和木板构建而成，顶层嵌有瞭望孔，可以观察远处的动静，也能防御，可以向攻来的敌人射箭，还可以燃放狼烟传递消息，可谓是功能齐全。古堡周围散落的断壁残垣是以前藏族人的住房，高大的古堡与低矮的村舍相互映衬，形成了一个完美的整体，也使得它成了一个易守难攻的体系，固若金汤。松赞干布为统一吐蕃，四处征战，每统一一个地方就修建一座古堡，作为其统治的标志，向人们昭示自己的强大。

无论是天赋神力的格萨尔王，还是英明勇敢的松赞干布，他们的伟大事迹在这里世代传唱，既是藏族人民对祖先的追思向往，亦代表了一种远古的荣耀。但世事变迁、沧海桑田，这些英雄人物早已湮没在历史的洪流之中，只余下沧桑的古堡昭示着昔日的辉煌。

这些古堡是失落的文明，是历史的余光，虽历经千年，依旧高大雄伟、气势磅礴。它们与附近的村舍相互衬托，当站在它们的面前时，你会发现，原来想象是不需要翅膀的。在这里，你的想象会被无限地扩大开来，飞到战火弥漫的战场，飞到利箭纵横的山坡，无论是哪一种，都会令人唏嘘不已。

温馨提示

❶ 古堡是十分珍贵的建筑文物，游览时切记文明观赏，不要乱涂乱画。

❷ 这里昼夜温差大，记得带较厚的衣服，以防感冒。

本图书由北京出版集团有限责任公司依据与京版梅尔杜蒙（北京）文化传媒有限公司协议授权出版。

This book is published by Beijing Publishing Group Co. Ltd. (BPG) under the arrangement with BPG MAIRDUMONT Media Ltd. (BPG MD).

京版梅尔杜蒙（北京）文化传媒有限公司是由中方出版单位北京出版集团有限责任公司与德方出版单位梅尔杜蒙国际控股有限公司共同设立的中外合资公司。公司致力于成为最好的旅游内容提供者，在中国市场开展了图书出版、数字信息服务和线下服务三大业务。

BPG MD is a joint venture established by Chinese publisher BPG and German publisher MAIRDUMONT GmbH & Co. KG. The company aims to be the best travel content provider in China and creates book publications, digital information and offline services for the Chinese market.

北京出版集团有限责任公司是北京市属最大的综合性出版机构，前身为1948年成立的北平大众书店。经过数十年的发展，北京出版集团现已发展成为拥有多家专业出版社、杂志社和十余家子公司的大型国有文化企业。

Beijing Publishing Group Co. Ltd. is the largest municipal publishing house in Beijing, established in 1948, formerly known as Beijing Public Bookstore. After decades of development, BPG now owns a number of book and magazine publishing houses and holds more than 10 subsidiaries of state-owned cultural enterprises.

德国梅尔杜蒙国际控股有限公司成立于1948年，致力于旅游信息服务业。这一家族式出版企业始终坚持关注新世界及文化的发现与探索。作为欧洲旅游信息服务的市场领导者，梅尔杜蒙公司提供丰富的旅游指南、地图、旅游门户网站、App应用程序以及其他相关旅游服务；拥有Marco Polo、DUMONT、Baedeker等诸多市场领先的旅游信息品牌。

MAIRDUMONT GmbH & Co. KG was founded in 1948 in Germany with the passion for travelling. Discovering the world and exploring new countries and cultures has since been the focus of the still family owned publishing group. As the market leader in Europe for travel information it offers a large portfolio of travel guides, maps, travel and mobility portals, Apps as well as other touristic services. Its market leading travel information brands include Marco Polo, DUMONT, and Baedeker.

DUMONT 是德国科隆梅尔杜蒙国际控股有限公司所有的注册商标。
DUMONT is the registered trademark of Mediengruppe DuMont Schauberg, Cologne, Germany.

杜蒙·阅途 是京版梅尔杜蒙（北京）文化传媒有限公司所有的注册商标。
杜蒙·阅途 is the registered trademark of BPG MAIRDUMONT Media Ltd. (Beijing).